本书为云南省哲学社会科学普及规划项目“云南边疆民族地区高校大学生社会责任感培育机制研究”的结项成果，由云南师范大学外国语学院全额资助出版。

大学生社会责任感培育机制研究

——以云南高校为例

谢梅　万鸿湄　著

中国社会科学出版社

图书在版编目（CIP）数据

大学生社会责任感培育机制研究：以云南高校为例／谢梅，万鸿湄著.
—北京：中国社会科学出版社，2024.3

ISBN 978－7－5227－3112－4

Ⅰ.①大…　Ⅱ.①谢…②万…　Ⅲ.①大学生—社会责任—责任感—研究—中国　Ⅳ.①G641.6

中国国家版本馆 CIP 数据核字（2024）第 041326 号

出 版 人　赵剑英
责任编辑　刘　洋
责任校对　李　锦
责任印制　王　超

出　　版　中国社会科学出版社
社　　址　北京鼓楼西大街甲 158 号
邮　　编　100720
网　　址　http://www.csspw.cn
发 行 部　010－84083685
门 市 部　010－84029450
经　　销　新华书店及其他书店

印　　刷　北京明恒达印务有限公司
装　　订　廊坊市广阳区广增装订厂
版　　次　2024 年 3 月第 1 版
印　　次　2024 年 3 月第 1 次印刷

开　　本　710×1000　1/16
印　　张　10.5
插　　页　2
字　　数　162 千字
定　　价　55.00 元

目　　录

上篇　理论探究

下篇 大学生社会责任感案例探究

上 篇

理论探究

第一章 绪　　论

大学生作为中华民族优秀文化的传承者，是社会主义建设的生力军，也是中华民族实现伟大复兴的重要力量，其是否具有高度的社会责任感不仅关乎其自身发展，更关乎国家与民族的命运。在当前世界百年未有之大变局与信息高速发展的时代背景下，社会责任感已成为考量大学生对国家、集体与他人所承担的道德责任的重要指标。新时代大学生总体上有较高的社会责任感，然而，面对高度开放的互联网环境和深度融合的社会影响，大学生在思想信仰、交往方式、日常行为等方面并不能较好地展现其社会责任感，如部分大学生理想信念不坚定，消极懒散，集体、团队精神欠缺，自私冷漠，对亲人、长辈缺乏尊敬，对生命缺乏敬畏，对国家缺乏忠诚等。毫无疑问，社会责任感不够强是大学生思想道德与精神现状中存在的突出问题，也成为我国推进教育治理体系与治理能力现代化过程中的极大阻碍。

基于此，培育大学生社会责任感成为教育工作者与科研工作者的重要议题。而对地处祖国西南边陲的云南高校大学生的社会责任感的培育更是对云南省的长久发展和精神文明建设意义重大。当前，云南在大学生社会责任感培育方面已经做了大量工作，但同时也面临新时代国内外环境巨变带来的新挑战，这使得高校教育工作者、父母和整个社会群体不得不从培育机制的角度重新审视和反思大学生社会责任感培育工作。在这种背景之下，本书以习近平新时代中国特色社会主义思想为指导，以实证研究的方式，系统分析云南高校大学生社会责任感培育机制中存在的问题及其原因，提出从社会、家庭、高校、大学生个体四个维度构建云南高校大学生社会责任感的培育机制，以期为大学生社会责任感培育提供参考。

一　研究背景与研究价值

《中共中央关于制定国民经济和社会发展第十四个五年规划和二〇三五年远景目标的建议》中指出，建设高质量教育体系要“健全学校、家庭、社会协同育人机制，提升教师教书育人能力素质，增强学生文明素养、社会责任意识、实践本领，重视青少年身体素质和心理健康教育”[①]。可见，培育大学生社会责任感，让其对自己负责、对社会发展负责、对社会文明传承负责、对国家负责，已经成为我国建设高质量教育体系，全面推进现代化国家建设的重要组成部分。诚然，世界上各个国家都在依据本国国情国策展开对大学生青年群体的社会责任感培育，以提升其在国际竞争中的软实力。究其原因，高度的社会责任感是大学生展现自我思想品质，实现自我价值和助力社会发展所必备的素质，也是国家持续发展繁荣的希望所在。

（一）研究背景

中国特色社会主义进入新时代，党和国家一如既往地重视对大学生社会责任感的培育。培育大学生社会责任感可以促使其积极投入社会主义现代化建设中，让其真正成为社会主义现代化强国建设的重要参与者和贡献者。这不仅是党和国家出于社会建设需要对大学生提出的要求，也是大学生努力实现自己人生价值与理想的必要保障，更是大学生承担起肩负的历史重任和历史使命的前提条件。对于每一个国家和民族来说，大学生都是宝贵的人力资源，他们掌握着先进技术与理论知识，是被社

① 卢黎歌、李华飞：《开全面建设社会主义国家新篇谋二〇三五年远景目标——十九届五中全会〈建议〉的整体性解读》，《探索》2021 年第 1 期。

会广泛关注的群体，其坚定的理想信念、高超的本领、强烈的社会责任感是国家和民族长久发展的希望。习近平总书记在北京大学师生座谈会上谈道，青年人“既要专攻博览，又要关心国家、关心人民、关心世界，学会担当社会责任”①。2017 年中共中央办公厅、国务院办公厅发布的《关于深化教育体制机制改革的意见》《中长期青年发展规划（2016—2025 年）》和《关于加强和改进新形势下高校思想政治工作的意见》等文件都明确提出了要进一步强化对大学生社会责任感的培育，引导大学生提高社会责任感意识，主动履行肩负的社会责任，体现大学生的时代性和先进性。

当前我国经济社会已转入高质量发展阶段，社会、经济、文化、生态结构都正在发展变革，高等教育也随之进入普及化阶段。同时，国际环境日趋复杂，不稳定、不确定的因素在明显增加，我国各地区也仍然存在发展不平衡不充分的问题。社会利益关系复杂化，就业市场竞争激烈化等因素均对大学生的思想行为造成了强烈冲击，到 2035 年要建成教育强国仍然面临着众多问题。作为个性鲜明、思维活跃的大学生群体，应该以高度的社会责任感积极进取、奋发图强、勇于奉献、感恩回报，传承优秀传统文化，维护国家利益，展现高度的国家和民族责任感。尤其是边疆少数民族地区的大学生，更应该深刻领悟各民族交流交融交往的精神实质，用实际行动助力兴边富民的世代梦想，筑牢中华民族共同体意识，承担维护民族团结和祖国统一的社会责任。大学生社会责任感的培育事关中国特色社会主义建设的顺利进行，和中华民族百年复兴梦的实现。

（二）研究价值

培育大学生社会责任感是推进新时代中国特色社会主义伟大事业的应有之义，无论是从民族伟大复兴的时代诉求视角观之，还是从大学生内在素质提升的视角观之，对大学生社会责任感及其培育机制进行研究

---

① 习近平：《青年要自觉践行社会主义核心价值观——在北京大学师生座谈会上的讲话》，人民出版社 2014 年版，第 10 页。

都具有理论意义与现实意义。

1. 理论价值

本书对云南高校大学生社会责任感培育机制进行研究，主要选取昆明、曲靖、玉溪、红河、保山、德宏等地区的大学生为考察样本，以习近平总书记关于大学生社会责任感培育的相关论述为指导思想，从个体、家庭、高校和社会四个层面构建云南高校大学生社会责任感的“四位一体”培育机制，以调查问卷、实地走访和对师生、家长、企业等相关人员进行访谈等实证方式对其进行调研分析，提出应对策略。

首先，构建完整合理的培育机制有助于丰富、拓展大学生社会责任感培育相关理论的内容。从云南省大学生社会责任感的现实状况出发，从四个维度去构建培育机制，能够为社会责任感培育理论的实践研究提供一定的借鉴。其次，从高等学校教育改革的内涵分析当前大学生社会责任感培育机制的内在缺陷，有助于深入挖掘大学生社会责任感培育过程中存在的问题，为思想政治教育与德育工作者提供理论支持。

2. 科普应用价值

首先，从为社会培养合格人才的价值理念出发，有利于加强美丽云南的建设。培育大学生社会责任感有助于激发其献身祖国边疆建设的热情，启迪迎接云南社会发展机遇与挑战的智慧，为边疆建设作出贡献。其次，从关注云南高校大学生社会责任感培育问题出发，有助于我们进一步了解云南多民族地区大学生人文素养、价值意识、道德伦理现状，引起学者对社会责任感培育问题的深入思考。最后，从分析云南高校大学生社会责任感弱化的成因出发，构建培育社会责任感的原则、内容、途径，纠正部分大学生偏离的人生观、价值观和世界观。让他们正确认识新形势下自身所承担的社会责任，从而更好地为未来服务于边疆民族工作奠定基础。

二 核心概念界定及诠释

在教育高质量发展的时代背景下，研究云南高校大学生社会责任感培育机制，必然要对“社会责任感”和“大学生社会责任感培育”概念进行内涵界定与诠释。

（一）社会责任感

对于“责任”一词，从不同视角出发有不同的诠释。这不仅有基于天赋论、社会依存论、情感欲望论、进化论等的观点，也有以哲学、心理学、伦理学、法学等为基础的解释。总体而言，不同的定义都存在一定的共性，即任何有理智和有能力的人都应该对自己的行为负责。只有个体充分认识到自身的责任才能对自己的行为进行选择，进而做出对社会有利的行为。从实践的角度看，责任是人类社会实践的产物，与人的实践交往活动相关联。可见，责任是为满足人类生存和发展实际需要所产生的一种规范行为方式和社会良性运行的内在要求。在各种社会关系中人们都要肩负各种各样的责任，因此，有研究者认为，责任是“具有作为人或角色资格的行为主体对客观社会关系提出的行为要求的自由确认和自觉服从”①。

责任感是人们将责任内化为一种自觉的意识感知，它是责任主体情绪、情感、态度等主观性的具体表现。有学者认为，责任感是责任主体的责任认知、态度与情感的集合体；② 有学者在此基础上提出，责任感要经历由责任认知到责任情感再到责任意志最后到责任行为的过程，这四个因素存在相互影响的关系；③ 也有学者认为，责任感是责任主体主动承担社会责任的心理品质、心理意识、情感体验或个体承担社会发展责任的行为选择。④ 可见，责任感是责任主体以积极的心态履行社会责任时所表现出的一种情感体验，这种情感以责任行动为内驱力，体现于责任主体对自身所应承担的社会责任和义务中。

社会责任感的建立首先是要在个体层面上健全个体自我责任感，其

---

① 王振宇：《新时代大学生社会责任感培育研究》，博士学位论文，中国矿业大学，2019 年。

② 陈会昌：《道德发展心理学》，安徽教育出版社 2004 年版，第 5 页。

③ 杨茹、丁云：《大学生社会责任感的内涵、理论基础及现实意义探析》，《思想理论教育导刊》2012 年第 11 期。

④ 刘世宝：《责任感的心理学界定及心理实质》，《中国德育》2005 年第 12 期。

次要健全责任主体对家庭、团体、国家的责任感。社会责任感建立在现实社会中人们所处的复杂多维社会关系的基础上，它是人们在社会中生存和发展的前提条件，是责任主体对他人、对集体、对社会的综合情感体验。承担社会责任是人的社会属性之一，它所体现出来的就是一种社会价值关系，即责任主体为满足国家、社会、组织、团体和其他个体的社会发展需要所采取的行动中产生的综合心理体验，并在此过程中获得个体的自我价值实现。责任主体只有充分认知自己扮演的多重角色并主动承担起这些社会责任义务，才能肩负起国家和民族未来发展的使命。

（二）大学生社会责任感培育

从理想信念角度观之，大学生的特点表现为视野开阔，思想活跃，观察敏锐，学习能力较强，但是理想信念不够明晰；从价值视角观之，当代大学生自我意识较强，价值观念多元，功利主义倾向明显；从个人发展的视角观之，当代大学生个性独立张扬、自信乐观，以自我主张和自我为中心的发展理念占主导；从道德角度观之，大学生存在一定的知行不一、道德意识淡薄问题，媒介素养亟待培养。这些特征与大学生自我成长的诉求结合在一起，呈现出丰富多样性，是我们解读、分析和提出大学生社会责任感培育的背景。习近平总书记在北京大学师生座谈会上的讲话指出："每一代青年都有自己的际遇和机缘，都要在自己所处的时代条件下谋划人生、创造历史。青年是标志时代的最灵敏的晴雨表，时代的责任赋予青年，时代的光荣属于青年。"① 可见，当代大学生的特征是时代性质规定性的集中体现，只有全面深入了解大学生的特征，才能使其责任感培育具有针对性。当前我国高等教育已经进入普及化阶段，随着大学生数量的连年递增，其群体特征也更加复杂化。作为社会的一个特殊群体，大学生社会责任感培育与其所受的高等教育是密不可分的。

"培育"一词原指培养幼小生物使其发育成长，后广泛应用于各个领域，泛指促进事物成长发育的过程。词语"机制"原指机器的构造和

① 习近平：《青年要自觉践行社会主义核心价值观——在北京大学师生座谈会上的讲话》，人民出版社 2014 年版，第 3 页。

动作原理，现泛指各种自然现象和社会现象内部组织及其运行变化的规律。“培育机制”是指在培育过程中培养体系的构成内容及其构成要素之间的相互作用、运行规律和运行方式。人在接受和完成培育之后，实现自我的价值，这是培育的目标，因此大学生的社会责任感也可以借助培育这个实践活动不断得以强化。站在新时代的历史新起点上，大学生社会责任感培育工作就是通过形式多样的培育方式方法，依靠多维协作联动的培育主体，充分遵循大学生责任感培育规律，不断强化大学生的责任意识、责任使命，养成其责任情感与修为，锻炼其责任决心意志，从而引导并促使大学生自觉履行社会使命的一种实践活动。这种实践活动就是将大学生对自身、家庭、社会、国家等的责任意识转化为责任行为的行动过程。

研究大学生社会责任感的多维培育机制，主要涉及责任感培育的内容和过程中各构成要素之间的相互作用及其培育方式的研究。因此，本书不仅要分析大学生社会责任感培育机制运行所依据的基本原理，培育机制运行过程中各方面的交互作用，还要全面分析这个运行系统与其他外部系统之间的作用关系等。大学生社会责任感培育主要包括以下几个方面的内容：第一，各构成要素，主要是指培育的主客体、主要内容、培育所需媒介、培育原则和培养环境等；第二，各要素功能的充分发挥，主要体现的是各要素之间的协同运转，要促进培育机制有效运行，要靠各要素之间功能经过联动达到最大化；第三，责任感培育机制的运行有其固有的规律，这个运行的机制是一个动态过程，必然要从培育主体出发，分别从大学生个体层面、家庭层面、高校层面、社会层面进行全面分析，充分体现大学生社会责任感培育全过程的动态发展。

大学生社会责任感培育的主体不仅是大学生自己，而且还包括家庭、高校和社会。就个人主体层面而言，大学生作为自我培育主体，就应该对自身所肩负的责任有清醒的认识，全面准确地把握促进社会责任感形成和发展的重要作用；就家庭主体层面而言，主要是亲人、长辈、父母等通过家规、家训营造良好的家风，对大学生进行引导与教育；就学校主体层面而言，主要是全体高校教师通过课程思政和各类见习活动激励引导大学生树立正确的人生观、价值观、世界观，履行社会责任；就社会主体层面而言，主要是包括社会各类企事业机构、大众媒体、社会风气等培育大学生社会责任感。

大学生社会责任感培育的内容主要围绕担当中华民族伟大复兴的时代使命，努力培养专业素养和思想品质过硬的中国特色社会主义现代化的建设者和接班人，使大学生成为国家和社会栋梁之材展开，包括大学生对个体、集体、社会和国家的责任感等方面。不难看出，大学生社会责任感培育是一个复杂的系统工程，需要各环节相互协调配合形成合力，并应用现代化的高科技手段不断创新培育载体，突出培育重点，在彰显大学生主体地位的同时促使其践行社会责任，从而达到培育目的。

三　国内外研究述评

（一）国外相关研究

大学生是最重要的人才资源之一，世界各国都十分重视对大学生进行社会责任感的宣传和培育。国外主流的培育方式就是将其融入道德教育、社会实践教育、价值理念教育、通识教育等教育内容中。在众多的国外文献中，关于大学生社会责任感（college students' sense of social responsibility）培育机制的研究较少，并没有系统完整的论述内容。通过对已有文献的梳理发现，其研究内容主要集中于责任、社会责任和大学生社会责任感教育等方面。

1. 国外关于责任、责任感（responsibility）的相关研究

西方学者关于“责任”的研究主要是从宗教和自由与义务的关系出发，拉丁语中的“责任”（Respondeo）一词主要指对人们交往关系的保证和契约，之后广泛用于人们对社会规则和客观要求的积极响应。在英语语境中“责任”一词被长时间用于各种艺术表演，与艺术表演中的角色相关联，G. H. Meade 提出，责任是指在艺术表演中某一角色所应承担的相应工作。对于角色的解读随之延续到社会各个领域，成为社会成员必须承担的相应责任。后来，责任成为宗教和法律中的重要词汇，其概念主要是指对上帝指示进行顺从回应的肯定或对上帝指示有所违背的惩

罚。现在，责任的概念已经拓展到伦理领域，其内容也更加丰富。西方学界对责任的理解和研究开始涉及自由与选择、责任行为、责任关系、责任能力等内容，代表人物有 Joel Feinberg、Howard R.、Bowen、Terry Cooper、Donald Kenndey、Hans Kun 等。更多内容涉及责任理论、企业责任、企业家责任、政府责任、行政责任、学术责任、全球责任等方面。西方学者里奇拉克持有的观点是："责任行为实践活动受到选择机制和责任能力的影响，必须以人的意志为前提才能得以实施。"① 随着西方人权与自由意志的发展，伦理道德规范体系逐渐走入大众的视野，责任伦理问题也随之得到发展。

国外关于责任、责任感和责任心的英语表达都用 responsibility 表示，相关研究主要集中于政府责任感和企业责任感方面。Kratzer 认为责任感是人们对事物的某种自觉的情感体验；② Wosnitza 坚持责任是一种社会心理因素；③ Christensen 则强调责任是人们责任意识的内化，包括自觉履行责任的意愿和参与社会活动的行为。④ 关于社会责任感（Social responsibility），相关研究主要集中在企业如何对社会发展承担相应的责任。对于大学生个体而言，大学生社会责任感研究多用英文单词（College students responsibility）表示，主要指大学生在未来的企业发展中所表现出的商业道德，助力企业发展并反哺社会的能力。

2. 国外关于大学生社会责任感的相关研究

国外对大学生社会责任感的调查和研究大多采用实证法。美国大学学院联合会的创造性冲突解决计划表明，大学生社会责任感的水平主要受外部环境压力和自我意识水平两大因素影响，而大学生追求卓越的人

---

① ［美］里奇拉克：《发现自由意志与个人责任》，许泽民等译，贵州人民出版社 1994 年版，第 59—60 页。

② Cindy C. Kratzer, "Roscoe Elementary School: Cultivating a Caring Community in an Urban Elementary School", *Journal of Education for Students Placed at Risk*, Vol. 4, No. 2, 1997, p. 345.

③ Helker K, Wosnitza M, "The Interplay of Students' and Parents' Responsibility Judgements in the School with Student Motivation and Achievement", *International Journal of Educational Context and Their Associations Research*, Vol. 76, 2016, pp. 34 – 49.

④ Christensen, J. F., Yoshie M., Di Costa, S., & Haggard, P., "Emotional Valence, Sense of Agency and Responsibility: A Study Using Intentional Binding", *Conscious Cogn*, Vol. 43, 2016, pp. 1 – 10.

生理想、较高的个人学术诚信、为构建更好社会而努力的意愿、重视尊重他人的观点、道德归因能力五大维度的社会责任感是解决大学生所面临的冲突的重要路径。[①] 学者 Helker Kerstin 以大学生学习生活日常为基础，运用日常经验取向模式（EEA），调查发现责任感水平高低受到学生的学习动机、家长的期望、学习成绩、激励获取、责任价值判断等要素影响，进而提出了大学生责任三角模型。简单来说，就是社会责任感是一种心理黏合剂，责任感的形成需要把“明确的责任感认知”“借由身份或角色带来的行为约束”“主体具备一定的责任践行能力”三个层面联系起来。它们构成了衡量大学生社会责任感水平高低的主要指标，是剖析大学生社会责任感形成和发展的重要维度。

3. 国外关于公民责任感教育的相关研究

西方研究领域以学校教育为主体对公民的社会责任感培育和社会责任思想进行了多个视角的研究。首先，责任思想经历了从习俗责任转变为道德责任的历程。柏拉图所理解的责任就是各司其职；亚里士多德的责任观认为，人们基于意愿与选择使行为走向责任，教化对于人的向善十分重要；在现代社会中，康德从义务论哲学角度提出，责任是尊重道德法则的必然行为。在后现代社会中，责任伦理思想从外在责任演变为内在责任和积极激励的公共道德责任。其次，在学校教育中正式培育学生社会责任感源于 20 世纪 70 年代美国提出的“责任公民”；1992 年美国的《阿斯彭品格教育宣言》主张教授学生尊重和责任；1994 年美国的《教育法》提出交给学生有挑战性的教育内容，为他们承担责任作准备。学校教育以学生自我责任感（包括自尊、自律意识和自我修养）以及社会责任感（包括制度和法律规范培养社会责任心）培育为主，坚持显性课堂和隐性课堂相结合的培养方式；同时通过学校、家庭、社会多方面教育来提升学生的社会责任感。新加坡对学生的社会责任感培育主要体现在德育培养体系中，以提升学生的国家意识和价值观念为主，教授学生国家意识、儒家伦理和道德、法制、家庭价值观等，构成了道德责任

① Arlow P.，“Personal Characteristics in College Students' Evaluations of Business Ethics and Corporate Social Responsibility”，*Journal of Business Ethics*，Vol. 10，No. 1，1991，pp. 63 – 69.

教育与法制教育普及相辅相成的特色。英国在对学生进行责任感教育时强调“尊重别人、公正与合理、诚实、有信用”四个核心，提出处理好“亲人、社区、人类”等六种关系的关键是要勇于承担责任。

总体而言，国外相关研究都格外重视宣扬大学生的伦理教育、爱国教育和通识教育，并在研究内容、研究深度、研究路径、研究视角方面呈现出了独特性。在研究内容方面，国外相关研究主要关注高校的道德教育和通识教育，主要研究其动态发展的概念。研究经历了一个从批评继承到深化发展的过程，随着研究内容的拓展，开始涉及互联网环境下的行为责任、虚拟社交责任等内容。在研究路径方面，国外学者比较注重实证研究方法，主要探讨各国大学生承受压力的能力并进行比较分析，分析大学生在未来社会发展变革中的就业决策，指出只有具备高度社会责任感的大学生才能在社会进程中占据主动，发挥对社会发展的作用。在研究视角方面，国外学者从心理学、管理学、伦理学、教育学、政治学、生态学等多视角出发对大学生公民责任问题进行了研究，表明大学生具有高度的责任感不仅是其实现独立的人生价值的重要保障，而且是帮助大学生抵御未来社会生活各种风险的重要因素。国外相关研究凸显理论性与实践性的结合，不仅关注大学生责任感培育体系的建设，同时也通过评估方法、培育载体等关注其实践效果。这些研究成果为本书的大学生社会责任感培育机制研究提供了重要参考。

（二）国内研究现状

党的十八大以来，大学生社会责任感日渐成为一个重要的研究议题，有关新时代学生社会责任感培育的相关研究成果也比较丰富。目前相关研究主要集中在大学生社会责任感的重要性、大学生社会责任感现状和大学生社会责任感培育等方面。

1. 国内关于大学生社会责任感的相关研究

大学生社会责任感相关研究主要从大学生群体研究开始，关于大学生的思想特点、理想信念、行为习性、群体行为的研究成果较多。有学者认为，大学生群体的总体特征是思想超前，边际人心态明显，是易感染社会思潮的人群；① 也有人认为，大学生的思想变化是内心强大动力推动的结果，他们比较关注现实利益和社会交往；② 还有学者提出，大学生在生活方式上丰富多样，行为方式差异凸显，思想方式开放；③ 王海建等人则总结出大学生群体的特点包括个性化的价值追求、自主化的学习方式、网络化的娱乐生活、理性化的处世态度和务实化的人生理想。④

国内学者对于大学生社会责任感的研究主要是从道德品质、核心价值观、红色文化、互联网视域等社会人才培养的视角出发。有学者认为，大学生社会责任感的新时代内涵以立德树人为标准，其所肩负的时代使命是最重要的责任；⑤ 也有人提出坚定的理想信念、过硬的知识能力、高尚的道德情操、勇于担当责任的行为是新时代大学生社会责任感的重要组成部分；⑥ 有学者认为提升大学生的社会责任感必须要培育和践行社会主义核心价值观，因为它关乎社会主义核心价值观在全社会的普及；⑦ 有学者特别指出红色文化对责任感养成有强化作用，起到深化大学生对社会责任的认知的作用，进而从精神上促使他们承担社会责任；⑧ 还有学者认为网络责任感是当代大学生不可忽视的社会责任感，给大学生的社会生活带来了深刻的影响。

2. 关于大学生社会责任感现实情况的相关研究

有关大学生社会责任感的现实情况的研究内容主要建立在实证研究

---

① 齐冰：《青年学视域下社会思潮对大学生的影响及应对》，《社会发展研究》2017 年第 4 期。

② 朱白薇：《新媒体语境下大学生精神生活发展的新形态》，《思想教育研究》2017 年第 10 期。

③ 王帅：《改革开放以来大学生思想热点变化的特点与规律》，《思想理论教育》2018 年第 9 期。

④ 王海建：《“00 后”大学生的群体特点与思想政治教育策略》，《思想理论教育》2018 年第 10 期。

⑤ 韩雅丽：《社会主义核心价值观视域下大学生社会责任感培育路径探析》，《国家教育行政学院学报》2015 年第 12 期。

⑥ 侯锡铭：《立德树人视野下的大学生社会责任感》，《中国青年社会科学》2017 年第 2 期。

⑦ 陈树文、蒋永发：《红色文化在大学生社会责任感培养中的价值与实现》，《思想教育研究》2017 年第 1 期。

⑧ 艾楚君、焦浩源、宋新：《大学生社会责任感的时代内涵及其培育路径——基于 60 位全国大学生年度人物先进事迹的文本分析》，《思想理论教育》2018 年第 8 期。

的基础上。有学者调查发现，大学生社会责任感应包括对学业、生活和未来的自我责任感；对亲人、同伴和他人的人际责任感；对生态、社会和国家的社会责任感等类别。① 也有学者通过实证调查研究发现，大学生社会责任感主要包括国家责任感、社会责任感、家庭责任感、集体责任感、他人责任感五个因素，并针对不同院校、不同性别的大学生社会责任感进行比较分析。② 有学者指出，大学生社会责任感总体情况较好，责任认知、责任认同、责任行为三者之间呈现正相关，③ 并指出女生的社会责任感普遍高于男生，年级越高的大学生社会责任感越高，其中重点院校的大学生社会责任感普遍较高。④ 有学者分析当前大学生社会责任感的状况后提出，有些地区大学生社会责任感水平较低，政治责任感和网络信息辨识能力较弱，自制能力不强，其主要原因是网络舆论导向和网络交往体系缺乏监管。⑤

3. 关于大学生社会责任感培育的相关研究

国内对大学生社会责任感培育的研究主要集中在德育和思想政治教育领域，从个人、家庭和社会三个方面进行研究。学者们多在界定、分析社会责任感概念、自由与责任的关系、个人价值与社会价值的关系的基础上，概括大学生社会责任感不足的现状及原因；同时指出责任感培育的方式方法创新不够、培养目标和内容两张皮、培养合力未形成及培育机制不健全等问题。在大学生社会责任感培育策略方面，学者们就学校教育、社会人文道德环境建设、优秀传统文化教育与认同、家风伦理引领等方面提出培育大学生社会责任感的策略。在大学生社会责任感培育机制方面，有学者倡导创建长期、稳定、有效的责任激励机制，建立

---

① 丁强、卢家循、陈宁：《青少年责任感问卷的编制》，《中国临床心理学杂志》2014 年第 5 期。

② 陈秀珍、吉家文：《当代大学生责任感现状分析》，《中国健康心理学杂志》2015 年第 4 期。

③ 王振宇：《当代大学生网络责任意识现状及培育对策——基于北京市 9 所高校的实证调查》，《中国多媒体与网络教学学报》2018 年第 8 期。

④ 魏进平、刘雪娟、薛玲：《我国大学生社会责任感现状及影响因素研究——基于东部十一所高校的调查》，《社会科学论坛》2015 年第 9 期。

⑤ 王越芬、商琳：《当代大学生社会责任感现状调查与分析——基于东北地区五所高校大学生的实证调查》，《教育与教学研究》2018 年第 4 期。

多方合作的协作机制，完善教师引导与自我约束相结合的教育机制，以提升大学生社会责任感培育效能。对大学生社会责任感的培育机制研究已成为新的研究动向。

4. 关于少数民族大学生社会责任感培育的相关研究

少数民族大学生的社会责任感的培育和弘扬不仅关系到少数民族地区的发展，更关系到各少数民族和整个社会未来的良序互动。少数民族大学生社会责任感的养成将有助于进一步提高他们对于中华民族的认同感、归属感，有利于他们树立起主人公意识。王振宇在2018年的《贵州民族研究》发表了文章《新时代少数民族大学生社会责任感培育路径探究》，详细阐述了树立少数民族大学生社会责任感的积极意义，及部分少数民族大学生缺乏社会责任感的内外部根源，最后提出了培育的多条路径。周矗也在《南方论刊》发表了相关文章，他强调责任感教育必须始终以坚持社会主义核心价值观为引领，高校要承担起主体责任，同时构建科学的教育体系，搭建有效的教育平台进行针对性的社会责任教育。关于少数民族地区大学生责任感培育的研究均彰显出培育少数民族大学生社会责任感对于整个民族的共同发展、国家长治久安和社会稳定的重要意义，也提出了一些具有建设性的培育路径。

（三）研究述评

国外有关公民责任、责任感和国内关于大学生社会责任感的研究已经取得了一系列丰硕的成果。国内主要立足于对大学生社会责任感的内涵界定、内容分析、状况调查、培育形式等方面进行研究。涉及政治学、教育学、心理学、文化生态学、行为学等学科，包含大学生群体行为、社会责任感组成要素等多个方面。这些研究为我们探讨大学生社会责任感培育机制提供了借鉴，但有关培育机制的研究还有很多内容需要进一步完善。

具体而言，有关大学生社会责任感现实情况的研究主要基于调查研究展开，现有研究成果主要包括宏观描述和微观调查等，其样本的选取有局限性，可能致使调查结果失真。研究内容主要包括大学生对自身的责任、对家庭的责任、对高校的责任、对社会的责任、对国家的责任、对世界的责任等。研究内容分类标准不明确，缺乏系统性。

对大学生社会责任感培育的研究涵盖培育目标、方法、路径、机制等方面，研究视角注重思想政治、社会主义核心价值观、中华民族传统文化、新媒体环境教育等方面，研究成果主要对某一方面展开，没有将这几个层面整合在一起进行机制构建；对培育路径的研究缺乏数据支撑，对策缺乏针对性和可操作性，实践效果不明显；研究缺乏与当前外部环境的联系，随着国内外环境发生深刻复杂变化，大学生的思想行为随之发生深刻变化，其社会责任感培育也面临着挑战与机遇。因此，培育方式、培育机制也应适应新时代变化的要求。

四 研究思路与研究方法

（一）研究思路

本书主要确立了“一个研究背景”“三个研究问题”“四个培育层面”的主体性内容研究思路（如图1－1所示）。以“十四五”期间建设高质量教育体系为背景，拟选取云南昆明、曲靖、丽江、红河、保山、德宏、普洱、临沧等地区的大学生为调研对象，以大学生社会责任感培育机制为研究内容。通过全面调研分析各地区培育大学生社会责任感过程中存在的根本性问题，揭示当前培育机制存在的问题及其深层次原因，从而构建云南大学生社会责任感培育机制（本书试图构建四维度培育机制），进而促进民族教育发展。

（二）研究方法

本书以云南大学生为研究对象，以大学生社会责任感培育机制为主要研究内容，以建设高质量教育体系为研究背景，在具体分析云南各州市高校大学生社会责任感培育的现实问题的过程中，遵循理论与实践相结合的总体思路，综合运用多种分析方法。

1．历史分析与比较分析相结合

本书在分析国内外大学生社会责任感培育方式时，将研究问题置于各

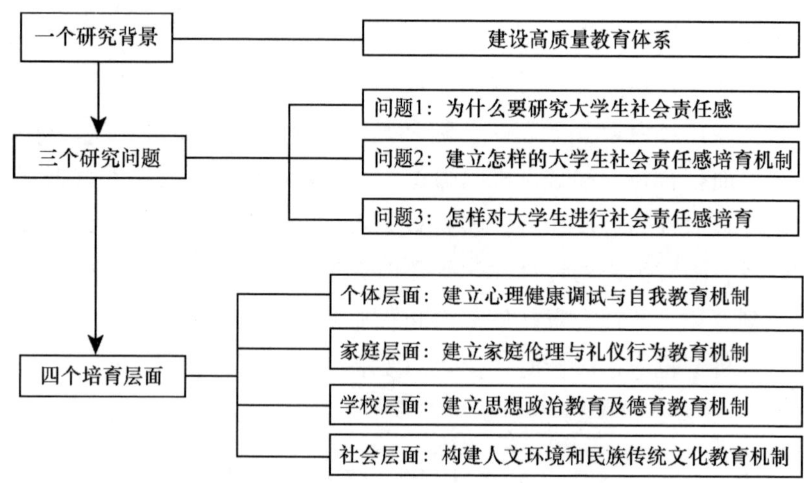

图 1－1　本项目基本研究思路图表

自国家的历史背景和现实环境中加以考察。并遵循历史与逻辑相统一的方法，在历史分析过程中，提炼出关于大学生思想素养的关键因子，采用共时比较分析方法，全面分析导致大学生社会责任感弱化的根本原因。

2. 质性研究与量化研究相结合

质性研究注重对社会现象和个人生活的解释性理解，注重对现实社会和个人生活的“呈现”。通过对云南各地区大学生社会责任感现状的调研和分析，理解其对云南社会发展的意义、探索机制研究的途径。本书回归到现实的场景中，通过调查、统计数据对大学生社会责任感培育现状进行较为精确的量化分析与客观评价。

3. 规范研究与实证研究相结合

规范研究是从价值角度出发解决“事物应该是什么”的问题，而实证研究是从事实角度出发解决“事物实际是什么”的问题。本书运用规范研究方法力求对影响大学生社会责任感价值的多因素进行综合分析，回答前述的三个研究问题，运用实证分析方法，探索云南高校大学生社会责任感的事实和依据，对构建培育机制提出相应的对策建议。

第二章

大学生社会责任感培育机制的建构

一　大学生社会责任感培育的理论基础

大学生社会责任感培育是社会、国家及人类可持续发展的重要方面，历来受到各国的高度重视。综观相关学说理论，大学生社会责任感培育的理论基础有马克思主义关于人的本质理论、社会责任理论和马克思主义认识论。

（一）马克思主义关于人的本质理论

马克思指出：人的本质是一切社会关系的总和。参与社会活动是人的社会属性之一，活动搭建起来的各类关系又是互相关联的，人类生存的首要条件是有满足生活所需的物质基础，这就需要进行物质生产，在物质生产的过程中人们之间结成了一定的社会关系。

人类在劳动的过程中具有自由活动的特征，这是人类生存的基本方式。因此，马克思认为，劳动是人类的本质特征，劳动既是人类本质的内在规定又是人的本质的外化，即人的本质要通过劳动表现。在各种社会关系中个体必然要肩负一定的责任并承担一定的社会责任，才能维护复杂的社会关系功能。其中，责任包含对责任的认知、自觉、行为、情感等众多因素，最重要的是对责任自觉的践行。

人的本质是社会关系的总和，人在现实社会关系中是具体的、现实的，皆因人类物质生活与精神生活需要建立在一定的社会关系中，并通过这种社会关系进行劳动从而获得满足感。人类的需求是改造外部世界的动力源泉和实践路径，现实的生产过程让人们之间结成一定的社会关系，这些社会关系将人们紧密联系起来成为一个社会关系的整体。每个个体都在其中扮演了一定的社会角色，而每个社会角色必然要承担一定的社会义务与责任才能维持社会关系的稳定和有序。因此，承担社会责任就成为社会发展对个体的本质要求。

（二）社会责任理论

社会责任理论不仅体现了传统社会责任伦理的规范，也体现了现代社会责任伦理的主要特点。

人类自身的各种需求是社会实现不断进步和发展的直接动力，社会责任则是以人的需要作为社会发展的基本因素加以考量。在马斯洛的需要层次理论中，人的需要包括生存需要和发展需要的各个层次。其中，人类生存得以保障的主要因素就是每个人所肩负的责任，强烈的社会责任感是人类发展的前提和基础。因此，人类发展必须依靠每个个体自觉履行社会责任，从而促进社会和谐、稳定和可持续的发展。

中国传统社会中的“家本位”的思想成为私人伦理的主要代表，当代社会的伦理责任则以一种社会伦理形式而存在，其直接影响了人们的社会责任意识。这种社会伦理在人们主动承担社会责任的过程中起到了调节人与人、人与组织、人与社会之间关系的重要作用。无论个人还是组织都依据不同社会角色承担相应的社会责任，并以社会伦理规范约束人们的社会行为，通过伦理责任促使每个个体主动践行社会责任。可见，当代社会责任伦理将人类在社会中的角色作为研究的逻辑起点，突出个体履行社会责任的伦理精神。

当代大学生社会责任机制建构要结合时代发展的情形，主要是结合当今世界正在经历的百年未有之大变局，抓住机遇、迎接挑战。了解当今社会个性张扬、知识更新周期短、科技日新月异、团队兴盛、世界瞬息万变的时代特征，着力应用社会责任规范和方法解决当前出现的社会责任问题。

（三）马克思主义认识论

马克思主义认识论，是马克思和恩格斯引入科学实践观并累积大量的实践经验和理论来检验真理而形成的辩证唯物主义认识论。马克思主义认识论将社会发展进程中的革命进程作为研究对象来理解实践与认识的关系，揭示了认识世界和改造世界的本质和人类社会发展的规律，从而阐释了实践与认识的统一。实践作为认识的基础，是我们深刻理解马克思主义认识论的基本要素，在马克思主义中国化进程中不断地将认识与实践相统一是建设中国特色社会主义的主要方法论。从《论犹太人问题》《〈黑格尔法哲学批判〉导言》到《1844年经济学哲学手稿》《关于费尔巴哈的提纲》再到《德意志意识形态》，体现了马克思主义认识论的发展历程，为马克思主义认识论的形成奠定了坚实的理论基础。

马克思主义认识论的内核之一是通过现象看到事物本质进而掌握社会发展的本质规律。物质生活是人们在现实社会中通过生产与人际交往维持发展的基本条件，人类的生产缘于完全的自然状态。随着物质生产的发展，人类的生产力与生产关系得到了很大的提升，人脑的思维与意识也随之发展变化，由此反映出物质决定意识和认识源自实践的基本认识。人的生活方式取决于生产方式，由于生产力的发展推动生产力与生产关系之间的矛盾运动，推进人类不断发展进步。马克思主义认识论是在人类社会的发展历史中不断得出科学认识的一部认识史，如若能够准确而全面地掌握马克思主义认识论，就能科学地了解社会发展规律，进而获得更多的启发与认识。

马克思主义认识论为培育大学生社会责任感提供了基本理论依据与方法依据，即对于大学生社会责任感的培养必须从实践开始，最终也应该回到实践中去检验。大学生认识过程是一个从低级到高级、从简单到丰富、从不成熟走向成熟的发展过程，大学生的社会责任感必然经历从自然启迪到向社会化转变的实践过程。因此，大学生的社会责任感培育必然要通过社会实践才能得以实现。实践是认识的来源和基础。大学生只有在社会实践中才会对其应该承担的社会责任产生深刻的认识，只有通过不断的社会实践，才能不断地得到认识上的提升。如果脱离实践，大学生的认识只能变成空想。同时，大学生在社会实践过程中形成的对社会责任感的认识要经过反复的社会实践检验，方能得到不断的发展与完善。大学生在实践中形成主观和客观相符合的认知，可以起到指导实践的作用，帮助大学生的个体成长。同时大学生责任行为更要在实践中得到深化，尤其是对其责任行为的评价和检验更需要在实践中进行。可见，培育大学生社会责任感尤其要重视社会实践，将社会实践作为大学生社会责任感培育的第一场域是当务之急。

二　构建大学生社会责任感培育机制

大学生社会责任感培育机制是一项体系庞杂而周期较长的研究，是建设高质量教育体系的重要研究问题。从组织行为学的层面来看，教育组织分为个体、群体、组织等类型。那么，与之对应的大学生社会责任行为也可以分为个体行为、群体行为和组织行为等层次。责任感培育不仅要从宏观的教育体制建设加以考虑，也要关注大学生社会责任感培育的主体。大学生的社会责任感培育是有层次性的：在大学生个体层面，要树立自觉的意识，树立社会责任感，从而自觉履行社会责任；在家庭群体层面，要构建家庭道德伦理与礼仪行为培育机制，通过家庭规范、家庭氛围培育大学生社会责任；在高校组织层面，要构建思想政治教育及德育机制，通过学校课程教育和文化教育培育大学生社会责任感；在社会组织层面，要构建人文环境和中华民族传统文化培育机制，通过社会舆论、文化熏陶培育大学生社会责任感。

（一）个体层面：大学生心理健康调试与自我培育机制

社会责任感的产生首先是人们对自身行为有利于社会发展的责任感。对于人类个体而言，社会责任感不仅是人类主体对自身责任的感知，而且是促使其责任感付诸于行动的能力。从个体层面看，个人只有对自身负责，促进自己全面发展，不断地在社会进步中提升自己，才能成长为对社会有用的人才。另外，还要在此进程中不断践行责任行为，才能肩负对集体、对国家乃至对世界的责任。总体而言，大学生的社会责任感培育首先是建立在大学生个体自我责任感不断完善的基础上，只有大学生充分做到对自己负责，才能具备强烈的社会责任感。

新时代的大学生在意志、情感、认知等方面表现出更多的独立性，具有与众不同的一面，他们随时渴望展现自身的特性与个性，有极强的表现欲和创新能力，很多学生更愿意从自己的感知与观察中获得体验。因此，新时代大学生普遍喜欢宽松自由的学习生活环境。但同时我们也应该意识到，过分追求个性独立也会产生一些负面影响，比如部分大学生利己主义取向明显，群体意识淡薄，否认团队合作的力量，这些因素都极不利于青年大学生的成长成才。伴随着我国高等教育进入普及化阶段，高等教育办学规模不断扩大，更加需要加快完善社会责任感培育体系以适应大学生自我发展的要求。个体层面的大学生培育机制需要大学生形成对社会责任的全方位认知，自我责任感表现为对自己的成长和身心健康负责。“一个连自己生存问题都解决不了的人是没有权利谈社会责任的，一个连生命都不珍惜的人也无法承担社会责任。”① 大学生培育自我责任就是要培育自我责任意识，自觉学习科学文化知识，尤其是要用马克思主义理论武装头脑，坚定理想信念，自觉增强学习意识，重视身心健康发展，养成坚韧的品格，自觉抵制不良思潮的影响，增强自身抗挫折能力，从而在学习和生活中主动化解各种矛盾，调节心理不适，以乐观的人生态度面对日常生活，肩负起实现中华民族伟大复兴的历史使命，成为担当时代重任的社会主义现代化建设者和接班人。

（二）家庭层面：家庭伦理与礼仪行为培育机制

习近平总书记指出：“不论时代发生多大变化，不论生活格局发生多大变化，我们都要重视家庭建设，注重家庭、注重家教、注重家风，紧密结合培育和弘扬社会主义核心价值观，发扬光大中华民族传统家庭美

① 魏进平、魏娜、张军：《全国大学生社会责任感调查报告》，中国书籍出版社 2015 年版，第 12 页。

德，促进家庭和睦，促进亲人相亲相爱，促进下一代健康成长，促进老年人老有所养，使千千万万个家庭成为国家发展、民族进步、社会和谐的重要基点。”① 作为家庭成员之一，大学生在对自身负责的基础上，还应具备家庭责任感。在着力构筑社会主义和谐社会大家庭中，和谐小家庭的构建是根基，这就要求新时代的大学生要承担起家庭生活中的责任。作为新时代的大学生，需要学会主动关心家庭、关爱父母、树立责任意识，给予亲人更多的关怀与陪伴，要尊敬长辈、孝顺父母、维系家庭团结，承担家庭劳动，处理好与家庭成员之间的关系。同时，作为社会责任感培育的家庭层面的主体，家规、家风、家训、家庭伦理道德、家庭礼仪行为等内容都涵盖在责任感培育之中。社会责任感家庭培育就是要启动良好的家庭培育模式，通过家庭伦理和礼仪行为教育让大学生明确自身所肩负的家庭责任，主动担当作为，正确处理好家庭、学校、社会之间的关系。重点培育大学生乐于助人、自强自律、知礼懂节、和善友爱、信守承诺的品格，从而助力其服务社会，奉献国家，承担推动民族发展的重任。

（三）学校层面：思想政治教育和德育机制

大学生群体最主要的活动场所就是学校，学校作为大学生社会责任感培育的主体，即高校教育主体，包括马克思主义基本理论教育、中国共产党的路线方针政策教育、党章党规党性教育等思想政治教育，以及文化教育、道德品质教育等培育内容。另外，校风、校纪、校园文化等，对于培育大学生社会责任感也有不可忽视的作用，必须要与其他社会责任感培育体制相结合，形成互动协作的培育系统。

学校社会责任感培育机制就是通过让大学生维护学校声誉、遵守学校规章制度来培育大学生的集体责任感；通过让大学生尊师重道、主动参与班集体和学校集体活动、关心同学、关爱让集体培育其学校责任感；通过营造良好的生活、学习环境培育大学生的责任心，让其积极承担责

---

① 中共中央党史和文献研究院编：《习近平关于注重家庭家教家风建设论述摘编》，中央文献出版社 2021 年版，第 3 页。

任；通过通识课、思想政治教育课程、道德品质教育课程培育其理想信念、道德情操；通过任课教师自身的行为修养、学识眼界感染、培育大学生的内在素养。使学生学会恰当处理个体与集体的关系，重视团队合作，从而唤起其责任意识。

（四）社会层面：人文环境和民族传统文化教育机制

在社会层面对大学生社会责任感的培育，主要是通过宣扬和发挥大学生在社会中的模范带头作用和维护践行社会公德、法律规范、社会秩序的行为培育其社会责任感；通过让大学生正确把握和处理社会价值与个人价值的关系，激发其爱党爱国热情。

在社会培育中，社会舆论、社会人文环境、民族传统文化是主要的培育载体。要构建良好的人文环境，促使大学生树立国家责任感和强烈的国家意识，进而将这种责任感转化为爱国行动。要通过中华民族优秀传统文化教育，使大学生自觉传承以爱国主义为核心的民族精神和以改革创新为核心的时代精神，让其对国家产生自豪感和责任感，树立理性爱国思维，进而自觉维护国家主权、安全和国家利益。

大学生社会责任感培育是一个系统的、长期的动态过程，任何单一培育机制都具有片面性，唯有将各个层面的培育机制打通、形成互补，整合各种培育方式，才能建构一个完整的培育机制，有效解决大学生社会责任感培育所面临的问题。因此，四个维度的培育机制建构成为本书研究的重要理论基础。

第三章

大学生社会责任感培育的现实反思

学界关于大学生社会责任感现实情况的研究可以划分为实证研究和规范研究两类。从实证研究的视角出发，一般通过量化数据对大学生社会责任感进行检验，描述和解释大学生社会责任感的现状，概括出当前大学生社会责任感存在的主要问题，分析问题的成因，以期为相关主体开展责任感培育提供决策参考。从规范研究的视角出发，一般通过对大学生社会责任感的结构、形成、作用机制、发展变化规律和影响因素进行分析，对当前大学生社会责任感应该怎样的问题进行价值判断。本书结合实证研究与规范研究两种形式，充分考虑云南作为边疆少数民族地区的大学生群体的特征，以第一手调研数据为基础，力争客观地归纳云南高校大学生社会责任感问题，深入分析原因，从而有针对性地提出优化对策。

一　大学生社会责任感现状调查

客观全面调查评价大学生社会责任感现状，是有针对性地提出培育其社会责任感对策的重要基础。要使用科学合理的调查研究方法，辅以先进的数据分析手段，才能客观、准确地反映大学生社会责任感的真实水平。

（一）调查方案设计与实施

本书以高质量教育体系建设为研究背景，选取云南昆明、曲靖、丽江、红河、保山、德宏、普洱、临沧等地区的大学生为调研对象，采用问卷调查法和访谈法，对以上各地区的大学生社会责任感培育机制开展研究。目标是通过全面调研分析各地区在进行社会责任感培育中存在的根本性问题，揭示培育机制存在问题的深层次原因。从而提出云南高校大学生社会责任感培育的有效措施。

为客观反映云南省各地区大学生社会责任感培育的现实情况，笔者从2019年5月开始至2021年6月，选取了云南省部分高校的900名大学生进行调查。分别在2019年6月展开预调研，2019年9月设置了二次调研，2020年1月启动正式调研。此外还运用个体访谈的调研方式，共进行了三次每次大约10人的聊天访谈，对部分学生、家长、教师、教育管理者和企业管理者进行深度访谈，以分析大学生在心理健康调适与自我行为控制、家庭伦理与礼仪行为、思想政治及德育发展、社会人文与民族传统等方面的教育实践状况。在此基础上，以访谈记录作为问卷调查的补充，以全面、客观、如实地分析云南各地区大学生社会责任感的真实现状。去除雷同和数据缺失问卷，回收有效问卷876份，有效率为97.3%。被试者基本情况及访谈对象基本信息如表3－1、表3－2所示。

表3－1　　云南高校大学生被试者的基本情况

项目	被试者特征	人数	有效百分比
性别	男	395	45.1%
	女	481	54.9%
民族	汉族	253	28.9%
	彝族等少数民族	623	71.1%
年级	本科一年级	197	22.5%
	本科二年级	224	25.6%
	本科三年级	246	28.1%
	本科四年级	209	23.9%

续表

项目	被试者特征	人数	有效百分比
学科类别	人文学科	285	32.5%
	社会科学	397	45.3%
	自然科学	194	22.1%
家庭状况	双亲家庭	784	89.5%
	其他	92	10.5%
学校类别	二本院校	124	14.2%
	其他	752	85.8%
政治面貌	中共党员/预备党员	362	41.3%
	其他	514	58.7%

表3－2　　　　**40个访谈对象的基本信息**

序号	类别	年龄（岁）	身份类别	访谈时间	所辖区域	编码
1	学生	19	本科一年级学生	2019.3	昆明	P－s－01
2	学生	20	本科一年级学生	2019.4	保山	B－s－02
3	学生	19	本科一年级学生	2018.7	德宏	D－s－03
4	学生	22	本科二年级学生	2020.4	临沧	L－s－04
5	学生	21	本科二年级学生	2020.5	普洱	P－s－05
6	学生	20	本科二年级学生	2019.11	红河	H－s－06
7	学生	21	本科三年级学生	2020.3	曲靖	B－s－07
8	学生	22	本科三年级学生	2020.4	临沧	L－s－08
9	学生	21	本科四年级学生	2020.3	保山	B－s－09
10	学生	23	本科四年级学生	2019.2	丽江	B－s－10
11	学生	24	本科四年级学生	2021.2	红河	H－s－11
12	教师	29	思政课教师	2018.11	德宏	D－t－12
13	教师	38	思政课教师	2019.3	临沧	L－t－13
14	教师	47	思政课教师	2019.5	曲靖	P－t－14
15	院长	53	教育管理者	2020.5	红河	H－j－15
16	教师	43	学科专业教师	2019.10	丽江	D－t－16
17	教师	36	学科专业教师	2020.4	德宏	D－t－17

续表

序号	类别	年龄（岁）	身份类别	访谈时间	所辖区域	编码
18	教师	42	思政课教师	2019.9	保山	B－t－18
19	教师	37	学科专业教师	2020.5	普洱	P－t－19
20	院长	55	教育管理者	2020.9	昆明	B－j－20
21	教师	49	思政课教师	2020.9	临沧	L－t－21
22	教师	28	思政课教师	2019.12	红河	H－t－22
23	教师	33	思政课教师	2019.4	普洱	P－t－23
24	家长	58	父亲	2019.6	玉溪	H－f－24
25	家长	52	母亲	2019.7	临沧	L－m－25
26	家长	57	母亲	2019.7	德宏	D－m－26
27	家长	61	祖母	2020.4	昆明	P－g－27
28	家长	49	母亲	2019.5	普洱	P－m－28
29	家长	54	母亲	2020.8	曲靖	D－m－29
30	家长	56	父亲	2018.12	红河	H－f－30
31	家长	70	祖父	2019.3	丽江	D－g－31
32	家长	53	父亲	2020.5	红河	H－f－32
33	家长	67	外祖母	2020.11	普洱	P－g－33
34	企业	37	部门领导	2021.1	昆明	D－e－34
35	企业	45	人事部门管理者	2018.10	保山	B－e－35
36	企业	48	人事部门管理者	2020.3	曲靖	L－e－36
37	事业	29	工作人员	2020.3	保山	B－c－37
38	事业	37	部门管理者	2020.4	德宏	D－c－38
39	行政	42	政工人事部门管理者	2020.5	红河	H－a－39
40	行政	47	政工人事部门领导	2020.5	普洱	P－a－40

1．调查问卷的编制

本书采用课题组自行编制的《大学生社会责任感四维度培育机制现状调查量表》，量表编制参考借鉴国内外相关实证研究内容，结合大学生社会责任行为在家庭、学校和企事业单位中的具体表现，并借助各种社会责任研究论坛征询平台专家意见后，经过几次预调研对问卷题目进行多次微调而形成。本表主要分为四个方面的内容：第一部分是个人层面，主要包括心理培育、动力激发和能力提升三个方面的机制；第二部分是家庭层面，主要涉及道德示范、责任担当和家风建设三种机制；第三部分是学校层面，包括课程建设、榜样引领和场域熏陶等机制；第四部分是社会层面，包括角色认知机制、多方联动机制、环境塑造机制等内容，具体包括27个项目测量条款。另外，依据《大学生社会责任感四维度培育机制现状调查量表》，还设计了一份针对大学生群体、家长、教师和企事业单位工作人员的访谈提纲。测量条款见表3－3。

表3－3 **大学生社会责任感测量量表及变量特征**

<table>
<tr><th colspan="2">量表名称</th><th>各变量特征</th><th>编码</th><th>变量来源</th></tr>
<tr><td rowspan="7">个体责任感</td><td rowspan="3">心理培育机制</td><td>心理认知</td><td>χ_1</td><td rowspan="7">心理认知概念、责任感概念；大学生责任情感表达、大学生自我培育概念；大学生能力概念</td></tr>
<tr><td>情感认可</td><td>χ_2</td></tr>
<tr><td>意识认同</td><td>χ_3</td></tr>
<tr><td rowspan="2">动力激发机制</td><td>自我需求</td><td>χ_4</td></tr>
<tr><td>自我效能</td><td>χ_5</td></tr>
<tr><td rowspan="2">能力提升机制</td><td>辨识能力</td><td>χ_6</td></tr>
<tr><td>责任践行</td><td>χ_7</td></tr>
<tr><td rowspan="6">家庭责任感</td><td rowspan="2">道德示范机制</td><td>家庭氛围</td><td>χ_8</td><td rowspan="6">家庭礼仪、伦理教育概念；家庭具体行为规范、家庭德育教育内容、父母责任；家风建设内容</td></tr>
<tr><td>父母榜样</td><td>χ_9</td></tr>
<tr><td rowspan="2">责任担当机制</td><td>家庭责任</td><td>χ_{10}</td></tr>
<tr><td>德育责任</td><td>χ_{11}</td></tr>
<tr><td rowspan="2">家风建设机制</td><td>家风引导</td><td>χ_{12}</td></tr>
<tr><td>家规培育</td><td>χ_{13}</td></tr>
<tr><td rowspan="7">学校责任感</td><td rowspan="2">课程建设机制</td><td>思政培育</td><td>χ_{14}</td><td rowspan="7">思想政治理论课程建设、思政课程教育目标；思政课程培养方案概念；大学生社会责任感榜样示范概念；教师道德修养、责任意识、奉献精神等榜样示范内容；学校文化建设内容</td></tr>
<tr><td>方法创新</td><td>χ_{15}</td></tr>
<tr><td rowspan="2">榜样引领机制</td><td>学生示范</td><td>χ_{16}</td></tr>
<tr><td>教师榜样</td><td>χ_{17}</td></tr>
<tr><td rowspan="3">场域熏陶机制</td><td>校园文化</td><td>χ_{18}</td></tr>
<tr><td>媒体责任</td><td>χ_{19}</td></tr>
<tr><td>文化传播</td><td>χ_{20}</td></tr>
</table>

续表

量表名称		各变量特征	编码	变量来源
社会责任感	角色认知机制	角色尊重	χ_{21}	社会责任角色概念；社会责任监督与评价概念；新媒体传播方式、传播内容；协同互助概念；文化塑造概念；大学生社会服务概念
		角色责任	χ_{22}	
	多方联动机制	渠道协同	χ_{23}	
		媒体协同	χ_{24}	
	环境塑造机制	监督评价	χ_{25}	
		责任文化	χ_{26}	
		服务社会	χ_{27}	

2. 调查分析方法

本书选取云南省各地州市的大学生、家长、高校教师和部分企事业单位管理人员为调研对象。为了简化运算的分析过程，对测量量表中的个人层面、家庭层面、学校层面和社会层面的社会责任感培育机制进行了单一化的处理，取各变量及其各维度的所有题项的均值作为该变量的值。应用 SPSS22. 0 对各变量进行描述性统计分析，采用李克特五点量表计分法对变量进行测量并计分，将大学生社会责任感作为解释变量（具体定义为：很强 5、较强 4、一般 3、较弱 2、很弱 1，共五个分类水平），从而了解大学生社会责任感培育的总体情况。均值越高则意味着社会责任感水平越明显，标准差数值越小则表示测试的结果越趋同。

本次调查于 2019 年 5 月开始，至 2021 年 6 月结束，前后共历经两年时间。调查问卷采用纸质版问卷发放和网络问卷相结合的方式，纸质版问卷主要采用委派学生、学校辅导员监督发放的形式进行问卷的发放及回收，电子版问卷主要借助“问卷星”网络调查平台、微信群和 QQ 群、高校的电子网站和高校网络贴吧进行发放。问卷题目全部设置为易于接受并且通俗易懂的必答选择题，有利于学生快捷做出回答。问卷发放主要以昆明、曲靖、丽江、红河、保山、德宏、普洱、临沧等地区的高校为主，形成覆盖云南省大多数高校的网格。调查范围主要包括一本、二本院校和其他院校，受调查的学生基本覆盖了大一到大四的所有年级，被测学生专业主要有教育学、英语、心理学、汉语言文学、历史学、计算机、数学、化学、电子商务等共计 11 个学科专业。

（二）调查数据统计

1. 均值统计

为了确保量表的有效性和可靠性，首先对量表进行效度和信度检验，然后对876份有效问卷进行描述性统计分析，针对大学生的个人责任感、家庭责任感、学校责任感和社会责任感四维度题项进行得分统计，并从均值和标准差差异角度统计、总结并解读云南高校大学生社会责任感现状。统计结果如表3－4所示。

表3－4 **大学生社会责任感的描述性统计**

变量指标				大学生（N＝876）	
维度		细化指标	变量	均值	标准差
个体责任感	心理培育机制	心理认知	χ_1	2.6098	.87619
		情感认可	χ_2	2.6341	.91257
		意识认同	χ_3	2.9024	.85769
	动力激发机制	自我需求	χ_4	2.7073	.80921
		自我效能	χ_5	2.9512	.99878
	能力提升机制	辨识能力	χ_6	2.7805	.96209
		责任践行	χ_7	2.8293	.89170
家庭责任感	道德示范机制	家庭氛围	χ_8	2.8780	.82656
		父母榜样	χ_9	2.6829	.97356
	责任担当机制	家庭责任	χ_{10}	3.3659	.85664
		德育责任	χ_{11}	2.9512	.94765
	家风建设机制	家风引导	χ_{12}	3.4146	.88270
		家规培育	χ_{13}	2.8537	.83614
学校责任感	课程建设机制	思政培育	χ_{14}	2.9861	.95562
		方法创新	χ_{15}	2.8774	.83650
	榜样引领机制	学生示范	χ_{16}	3.0000	.86522
		教师榜样	χ_{17}	2.7744	.93761
	场域熏陶机制	校园文化	χ_{18}	2.9526	.94868
		媒体责任	χ_{19}	2.8830	.82359
		文化传播	χ_{20}	2.9749	.98703

续表

变量指标				大学生（N=876）	
社会责任感	角色认知机制	角色尊重	χ_{21}	2.7298	.84487
		角色责任	χ_{22}	3.0836	.85791
	多方联动机制	渠道协同	χ_{23}	3.1031	.94127
		媒体协同	χ_{24}	3.1894	.90794
	环境塑造机制	监督评价	χ_{25}	3.1755	.90613
		责任文化	χ_{26}	2.9164	.76497
		服务社会	χ_{27}	2.6829	.87356
大学生总体社会责任感				2.9219	.8586

以上统计数据显示，云南各地区大学生的社会责任感均值为2.9219，大于平均值2.5，说明大学生的总体社会责任感水平处于中等偏上。个体责任感、家庭责任感、学校责任感、社会责任感的均值经过公式计算（$\bar{X}=\Sigma^{X}/n$）分别为2.774、3.024、2.921和2.983。其中，只有家庭责任感的均值超过3，表明家庭责任感对大学生来说感受最为明显。个体责任感的感受最不明显，说明在大学生社会责任感培育中家庭教育对大学生的社会责任感的影响程度较大，但责任感的程度只达到中等偏上水平。可见，当前这些地区大学生的社会责任感培育工作效果并不十分显著。

2．分组统计

为了统计并分析各地区大学生社会责任感现状的总体情况，本书将样本题项得分按总分数的百分比划分相应的标准，利用SPSS高低分组功能对调查数据进行分析。按照30%的得分作为划分线，如果得分超过前30%则自动被划入高水平组；如果得分在后30%以下则被划分为低水平组；如果得分处于两者之间就被划分为中水平组。所调查的大学生社会责任感分组统计结果如表3－5所示。

表3－5 **大学生社会责任感分组统计** （%）

四维度	个体责任感	家庭责任感	学校责任感	社会责任感
高水平组	44.17	62.31	39.48	37.38

续表

四维度	个体责任感	家庭责任感	学校责任感	社会责任感
中水平组	28.26	20.54	41.59	40.52
低水平组	32.57	17.15	18.93	22.10

由表3-5可见，从全体统计数据来看，这些地区大学生社会责任感得分在高水平组的样本数占总测试数的45.84%，得分在中水平组的大约占32.73%，得分在低水平组的样本数占总数的22.69%。

从个体责任感、家庭责任感、学校责任感、社会责任感四个维度统计数据来看，个体责任感高水平占44.17%，中水平占28.26%，低水平占32.57%；家庭责任感高水平占62.31%，中水平占20.54%，低水平占17.15%；学校责任感高水平占39.48%，中水平占41.59%，低水平占18.93%；社会责任感高水平占37.38%，中水平占40.52%，低水平占22.10%。

二　大学生社会责任感的主要表现

通过数据统计，本书将云南省各地区大学社会责任感以量化的方式更加精准地反映出来，在一定程度上客观地反映了全省大学生社会责任感的现状，为进一步分析云南高校大学生社会责任感培育提供了实证研究基础。

经过统计可以看出，云南省各地区大学的社会责任感总体水平高于平均水平。经过分析可见，78.57%被测大学生的社会责任感水平处于中上（即得分在50%以上），32.73%被测大学生的社会责任感处于较高的水平（得分在70%以上）。

从大学生的四维度社会责任感（个体责任感、家庭责任感、学校责任感、社会责任感）的调查结果看，个体责任感处于中等水平以上的占比是72.43%；家庭责任感处于中等水平以上的比例为82.85%；学校责任感处于中等水平以上的占比为81.07%；社会责任感处于中等水平以上的占比是77.90%。另外，从均值统计的结果看，大学生个体责任感均值为2.774；家庭社会责任感均值为3.024；学校责任感均值为2.921；社会责任感均值为2.983。值得强调的是，所有统计项的均值均在平均值2.5以上，显示出云南省各地区大学生的社会责任感各项统计结果均超过了设定的平均线，表明这些地区的大部分大学生社会责任感呈现出积极向上的态势。大学生比较重视个体的社会责任，注重对家庭的责任，注重社会公德，愿意为他人负责，注重对知识和能力的学习，对社会文化与国家认同度较高。

但是就具体的测量条款来看，均值处于4.0以上的并没有出现，在27个测量问题中只有7个测量条款均值处于3.0以上，这也说明云南省各地区大学生社会责任感水平并不高，还有责任感不强或缺失的现实问题亟待解决，需要结合大学生社会责任感的具体情况进行进一步分析。

（一）大学生对自身的责任感不强烈

大学生自身的高度社会责任感不仅是实现自我价值的前提，而且是推动社会前进发展的重要精神动力。进入社会主义新时代，大学生勇于承担社会责任与践行历史使命显得愈发重要。从统计数据可以看出，大学生社会责任感在个人层面的高分占比是44.17%，但是中低分占比达到了60.83%，意味着在受调查的大学生中有60.83%的大学生得分低于50%。结合访谈内容可以发现，很多大学生对社会责任感有很强的认知，但受其价值取向和思维方式的影响，都不能在社会责任行为上有所表现，不能真正地将社会责任感认知转化为实际的社会责任行为，知行不一的现象比较突出。有部分大学生明知道有些是自己应该承担的社会责任，却害怕担责任而不去践行社会责任，很多时候会出现说一套做一套的现象，事不关己，高高挂起，遇事逃避退缩的行为方式时有发生。之所以存在这些现象，笔者觉得有以下几个方面的原因。

首先，是对生命缺乏敬畏感。访谈中发现，有些大学生对自身的责任感不强主要表现在对自己的生命不负责任，在日常生活中很不重视生命安全健康。据部分家长和教师反映，大学生存在抽烟、喝酒、毫无节制地通宵打游戏等行为。在心理、情感和意识层面对社会责任感的认识不足，心理抗压能力不强，导致近几年来大学生自杀的概率大幅度攀升。对自身的生命健康不负责任是云南高校大学生社会责任感不强的一个重要表现。

其次，是部分大学生自我效能感较低，辨识能力差。在访谈中发现有部分大学生有一种心理，就是好不容易考上大学，是时候放松放松了，导致在行为上不重视学习，经常上课睡觉、旷课。没有明确的人生规划和人生目标，社会责任感意识淡薄，不上进不努力不学习，久而久之就会出现消极和对抗心理，归根结底就是对自身不负责任的表现。

再次，是部分大学生缺乏积极向上的人生态度。访谈中发现很多大学生都抱有得过且过的态度，觉得过完大学生活就要进入社会工作，所以不如趁在大学时好好玩乐。致使有些大学生对未来的人生缺乏期望和规划，这些都是对自己极不负责的态度。加之，很多当前的“95后”和“00后”学生没有意识到生存的压力，父母给的生活费较高，物质条件也较为宽裕，就会使得不少大学生注重穿衣打扮，甚至开始使用一些奢侈品，整天沉迷在夜店、酒吧等五花八门的娱乐项目中而日益颓废。不少大学生没有跟老师和同学交往的意愿，终日沉迷于网络游戏或网络热播剧，不愿意走出宿舍，成为校园内的宅男宅女。

最后，是大学生缺乏对自身价值的正确认知。大学生是国家的未来，他们承载着推动社会发展的重要任务。因此，对自己负责在某种程度上来说就是对国家负责、对集体负责、对他人负责的一种表现。大学生缺乏集体感、国家荣誉感，其实质就是对自身价值的不认可的具体表现。大学生对自己负责就是要深刻认知到自己对社会建设、国家发展的重要性，用具体的行动将这种认知表露出来，增强自己的集体感、社会感、国家感，奋发努力积极向上，持之以恒地实现自身价值，促进自身发展。

在调查中发现，有一些大学生没有充分认识到自身价值与国家发展的关系，将自身利益与国家利益割裂开来。甚至为了追求自身利益的最大化而不惜损害国家利益，做出一些有损国家形象的行为，这些都是极度不负责任的行为。另外，调查中还发现一些所谓的“佛系青年”或“躺平青年”，喜欢消极的“丧”式和躺平式生活方式，致使他们对自身认识不足、对前途迷茫和对未来发展缺乏信心。这些都在统计数据中有所体现，大学生个体责任感的总体均值为2.774，略高于评价值2.5。可见，一些大学生责任意识淡薄，主要表现形式之一就是对自身的价值认知感不强。

（二）大学生对家庭的责任感不显著

调查统计结果表明，云南省各地区大学生的社会责任感受家庭教育的影响比较大。比如父母对大学生的教育观念、家庭的伦理道德观念、家庭的家风和父母与子女之间的情感联系等，都会直接影响大学生对家庭的责任感。调查数据显示，家庭责任感处于高水平的样本数占到62.31%，处于中高水平的样本数占82.85%，这意味着，在受调查的大学生群体中有82.85%的大学生的家庭责任感得分在50%以上，处于中低水平的样本数占37.69%。可见，云南高校大学生对家庭的责任感普遍较强，其中大学生的人生观、价值观、就业观、爱情观在很大程度上都受到了家庭的影响，从而进一步影响了大学生的社会责任感及参与社会的能力。从调查数据可以看出，四维度的大学生社会责任感得分最高的是家庭责任感，均值得分为3.024，个体责任感得分为2.774，学校责任感得分为2.921，社会责任感得分为2.983，均小于家庭责任感的得分，这些数据结果足以说明在大学生社会责任感中，家庭对大学生的社会责任感形成影响最大。

大学生作为社会成员中的一员，他们的全面发展与社会脱离不了关系，每一个大学生都肩负着多种社会角色。在众多的关系中，他们与家庭成员的关系最为密切，这就决定了他们对社会责任感的感受程度中，对家庭的责任感感受程度最高。但是，从家庭责任感的得分也同样可以看出，总体分值没有超过4.0，说明这些地区大学生的家庭责任感仍存在某些问题。

结合访谈内容发现，目前云南省各地区部分大学生的家庭责任感不强有诸多的表现形式。首先，部分大学生在家庭中只知道享受不知道付出。访谈中有些家长反映，部分大学生在家庭中割裂了权利和义务的关系，在家里总是以自我为中心，只考虑自己的心理感受，只在乎自己在家庭中所享受的权利，并不想为家庭承担过多的义务，饭来张口，衣来伸手，不关心父母家人，缺乏爱心和回报父母的感恩之心，在家中唯我独尊。

其次，部分大学生攀比心理和享乐主义思想较严重。调研中很多家长反映，有些大学生喜欢高消费的奢侈生活，总是喜欢和周围的同学进行攀比，虚荣心爆棚，有些大学生根本就没有意识到自己已经可以自食其力，常为了自己的私欲不考虑家庭的经济状况，理直气壮地向父母要钱，如若父母没有满足自己的虚荣需求甚至还会跟父母反目，做出离家出走等过激行为。

最后，部分大学生不能正确面对矛盾和冲突。有些家长抱怨，当家庭矛盾发生时，很多大学生总是将所有的过错理所当然地归结给父母，认为父母对自己做什么都是应该的，父母既然生下自己就应该对自己所有的事情负责，凡事只讲父母的过错，却不知自我反省，事事以自己优先。个别大学生子女会因一些生活琐事而与父母发生纷争，甚至跟父母或者家庭里的兄弟姐妹等亲人动手，也有部分大学生不讲诚信，欺骗父母。这些都表明部分大学生对家人责任意识的淡薄。

（三）大学生对学校的责任感较薄弱

学校是大学生成才的重要场所，也是为国家和社会输送人才的主阵地。从调研的结果来看，云南各地区大学生学校责任感的得分为 2.921，略高于平均水平 2.5，没有超过 3.0，说明大学生对学校的责任感不是十分强烈；学校责任感中高水平样本数为 81.07%，中低平样本数为 60.52%，意味着，在受调查的大学生群体中有 60.52% 的大学生学校责任感得分在 50% 以下，表明这些地区大学生的学校责任感还存在很多问题。

首先，高校思想政治教育的引领作用不足。访谈中有些大学生反映，大学思想政治教育并没有起到对于大学生的身心健康发展及维护祖国统一和民族团结的重要引导作用。思想政治课程大多数是一些理论的灌输，教学并没有和实践相结合，甚至一些如“思想道德修养与法律基础”这样本来可以与实践挂钩的课程，在某些老师的讲授过程中也会显得枯燥乏味，让很多大学生提不起学习兴趣，更加剧了大学生对思政课的排斥心理。加之，很多老师在讲授时总是平铺直叙，使得课堂气氛沉闷，甚至有些教师授课时崇尚国外的教育制度和教育理念，一味地表现出崇洋媚外的观点，给学生灌输了偏离主流价值观的不良思想。

其次，高校为大学生社会责任感培育提供的实践机会和平台较少。一些大学生认为，学校对他们的社会实践没有给予高度重视，比如一些高校的社团建设较少考虑少数民族大学生的特殊需要，没有安排更多结合学生实际需求的社会实践活动，从而降低了学生参与社会实践的热情。在访谈中发现，一些大学生希望学校能够在大四的实习中安排一些与他们的就业志向和愿望相符合的岗位，但是学校并未充分考虑大学生的需求，而是将学生直接派往往年已经建立合作关系的实习单位，所提供的实习岗位针对性较小。另外，虽然汉语作为国家通用的语言文字已经普及，但是仍然有一些少数民族学生在用汉语交流时会表达不清楚，这就造成了实习过程中的一些障碍。

最后，校园文化传播力度不够。有些大学生提出，大学校园为高校师生提供教学科研等多种服务的多媒体网络平台建设滞后，而且在已经开通的校园网站中，专门针对云南各少数民族风情特色的主页很少，部分大学生希望通过校园网络平台建设来重视云南少数民族文化的传承与发扬，然而校园对此并没有给予高度的重视。部分高校也有一些关于云南少数民族大学生的网络文化展示，但很多都是基于民族传统节日的，且形式与内容都比较单一，形式大于内容。此外，由于校园文化建设滞后，很多大学生没有学风方面的价值认同，校园里面的一些消极因素进一步影响了大学生对社会责任感的认知。有些少数民族大学生反映，绝大多数的少数民族大学生都有着强烈的民族认同感，在校园内出现一些涉及民族问题的负面不实言论时，有些少数民族大学生就会情绪激动，盲目参与一些恶劣的打架斗殴事件。这一定程度上会影响他们参与社会实践的态度，影响他们对社会责任感的认知，从而造成不良的社会影响。也有些大学生认为，高校没有定期开展一些让少数民族和汉族学生共同参与的民族节日文化交流活动，减少了各民族大学生交流交往交融的时间。

（四）大学生对社会的责任感不突显

社会的发展离不开大学生的贡献，大学生的社会责任感主要体现为积极参与关系社会发展的实践行动。各培育主体和社会外部大环境采取的培育模式会影响大学生社会责任感的水平。从调研数据可以看出，云南大学生的社会责任感处于中水平以上的样本数占总数的 77.90%，处于中水平以下的样本数占总数的 62.62%，也就是说，在受调查的大学生群体中有超过 62.62% 的大学生的社会责任感的得分在 50% 以下。统计结果显示，云南大学生社会责任感的总体均值是 2.983，略高于平均值 2.5，但也没有达到 3.0，说明大学生对民族、社会、国家有良好的责任意识，但是社会责任感并不十分强烈，这些地区大学生的社会责任感还存在一些问题。

首先，大学生的国家责任意识不够强。对于大学生而言，高度的国家责任感是每个大学生所应该具备的基本品德，但访谈中发现，很多大学生不仅没有深刻理解中华民族传统文化中的修身齐家治国平天下思想，而且欠缺现代国家的公民意识，不太注重个人对国家的忠诚与奉献。部分大学生对国家和民族的发展不关心不关注，只将注意力聚焦于自己的小圈子当中，视野狭窄，集体观念和奉献精神不足。

其次，部分大学生缺乏集体观念。在访谈中一些企事业单位管理人员表示，部分大学生认为集体往往带有强制性的色彩，要求个人服从于集体，因此他们在面对集体时常常表现出无奈和妥协的态度。也有一些大学生反映，学校与单位建立的联系并没有体现资源共享和人才流动的效用价值，很多时候高校为了自身的利益与单位协商，为大学生提供并不能发挥作用的实习机会，没有办法让大学生真正体会到社会责任感。愿意提供实践机会的单位较少，以至于很多大学生无法在社会实践中体会社会责任，还有一些学生反映在社会参与的过程中能够找到的与自己专业相匹配的岗位并不多。还有很多大学生表示，希望能够到学校和国企等正规单位中去实习，但实际情况却并非如此，导致大学生在社会实践中的社会责任感并不明显。

再次，外部环境对大学生社会责任感培育造成了很大影响。一些思想觉悟不高、文化认同感较低、国家认同感不高的少数民族大学生会受到敌对分裂势力错误观点的影响而不信任政府、不信任国家，有时候甚至会在一些敌对组织的蛊惑下参加一些非法组织和非法宗教活动，从而危害国家利益。也有一些少数民族大学生虽然接受了高等教育但判断力较弱，有些即使是加入了中国共产党，也没有真正融入党组织生活中，习惯于在家里信仰宗教，只有在学校才信仰中国共产党，给党组织带来一些负面影响。

最后，网络媒体的弊端没有得到足够的重视。一些不法分子故意在网络上散布虚假信息，从而给大学生的身心健康发展带来极坏的影响，导致大学生对社会产生一些负面情绪，对他们的社会责任感培育造成不良的后果。另外，拜金主义等错误思潮在大学生中蔓延，致使一些思想尚未成熟且缺乏对自我需求客观定位的大学生沉迷于网络消费中不能自拔，网络借贷现象屡禁不止，一些学生负债累累而漠视对社会的责任义务。

三　大学生社会责任感培育困境

造成部分大学生社会责任感不强的原因是多方面的。从大学生个体层面来说，与大学生心理情感因素有关；从家庭培育的层面看，与家庭教育方式有关；从学校培育的层面看，与学校教育管理有关；从社会培育的视角看，与社会环境发展变化有关。

（一）大学生个体层面的社会责任感培育问题

高校大学生的理想信念、思维方式、行为模式、审美取向和道德标准都经历着深刻变化，大学生群体中出现了责任认知与责任行为脱节、知行不一的现象，造成这种现象的主要原因是大学生对自身责任感的缺失。云南大学生生源地多分布于较为偏远的地区，学生的受教育程度有所差异，自我认知也往往存在问题，不能很好地面对学习和生活中的困难，这些都是心理发展不成熟的表现，影响着该地区大学生的全面发展。

云南大学生接受素质教育的深度和广度相较我国一、二线发达城市来说是较低的，大学生的自我认知不足往往会造成他们在社会参与的过程中处于被动和依附状态，从而对社会责任感的认知不强，社会责任行为的积极性和主动性也不高。而一些来自外部环境的干扰和大学生自身的消极情感是导致大学生社会责任感缺失的重要因素。

首先，大学生心理比较脆弱。有一部分大学生一直以来都生活在被赞美的环境之中，心气较高没有经受过太大的打击，一旦遇到挫折或经历失败就陷入消极、自暴自弃、怨天尤人的颓废状态。当代大学生普遍存在着一些共性，比如思想比较独立、个性比较鲜明、生活比较稳定等，这都是导致其缺乏社会责任感的主观原因。一些大学生的人生观和世界观尚未完全形成，他们不能主动地去探索世界并积极主动地参与到自身社会化的进程当中去了解社会，对社会责任感没有深刻和牢固的认识。很多时候，大学生的情绪波动较大，很容易受到不良思潮的影响而失去独立思考和判断能力，抗压能力较弱。部分大学生对前途感到迷茫未知而内心焦虑慌乱，也会减少他们主动承担责任的热情和勇气。

其次，大学生的自我认识不足。他们看不到自己的优点就会呈现出消极自卑的一面，不积极参与社会活动。有些来自偏远贫困地区的大学生，家庭经济条件较差，使他们背负较大的精神压力。

最后，部分大学生的价值观受到了强烈的冲击。一些大学生在实习的过程中会受到错误价值观的影响，对人际关系产生错误的认识，失去对自我价值的正确判断。此外，新时代的大学生，大部分都成长在无忧无虑的幸福生活中，优越的物质条件和和平安稳的外部环境有时也会造成一些极端性格，使得一些大学生只注重个人利益而忽视集体利益和国家利益，在生活中只知道索取，不知道付出，不懂得感恩。消极的外部环境导致部分大学生对社会责任感的认知偏差，情感淡漠成为责任感培育的最大障碍之一。

（二）家庭层面的社会责任感培育问题

大学生社会责任感的培育离不开家庭。父母的言传身教和家庭教育，包括家规、家训、家风等，对大学生社会责任感的形成起到重要的作用。但是，有部分家庭在对子女的教育中也会出现一些功利化取向，导致大学生社会责任感培育陷入困境。

首先，家长的教育理念深刻影响着子女的责任感培育。云南部分地区的一些家长至今抱着“养儿防老”“传宗接代”的观念，尤其是对男孩子抱有更大的希望，父母让子女接受教育的目的是让子女“光宗耀祖”，很少要求子女要奉献社会、奉献国家，父母更多的时候希望子女在面临矛盾、问题时要多考虑自己，维护自己的利益，要少管他人闲事，以至于造就了孩子自私自利的性格，社会责任意识淡薄。

其次，部分家长的职业观对子女社会责任感培育造成了很大影响。一些家长鼓励孩子大学毕业以后报考公务员以获得一份稳定的工作，希望子女留在较发达的地区，一般不会赞成大学生下乡支教或到贫困山区去工作。家长会让孩子在上大学选择专业时考虑将来好就业且工作薪资较高的专业，这就导致一些有意愿多为他人、社会和国家作贡献的大学生，由于屈从于父母意志而放弃自己应该承担的社会责任。

最后，部分家庭教育的理念偏差对大学生社会责任感培育造成了不良影响。有很大一部分家庭都有重视考试成绩而不重视子女道德培养的问题。家长们将考上重点大学名牌专业定义为优秀，而不顾思想道德方面的教育，一些家长甚至会给子女灌输金钱至上的错误思想，将孩子人生幸福指数与金钱利益相挂钩，致使部分大学生以追逐物质享受和金钱利益为人生目标，这种功利主义、利己主义思想是部分大学生缺乏社会责任感的重要原因。

此外，一些父母过分溺爱的行为也削弱了大学生的独立生活能力，最终也可能致使大学生缺乏社会责任感。部分家长为了满足孩子的无理要求甚至不惜去借高利贷，更甚者会袒护他们的过失，这些错误教育观念极易导致大学生不敢担责，不能全面认识社会责任，不能很好地践行社会责任。

（三）学校层面的社会责任感培育问题

学校是大学生社会责任感培育的主阵地，通过拓展多元化的教育活动，使大学生认知和理解社会责任，是高校开展大学生社会责任感培育工作的前提和基础。高校承担的育人任务就包括要让大学生充分理解和明白什么是社会责任，要履行什么样的社会责任，如果没有履行相应的社会责任将要受到怎样的惩罚等问题。认知自身责任是责任感行为实施的第一个要素，大学生责任感认知教育的主要场所就是高校，高校在对大学生进行责任感培育时，必须要进行责任认知的教育。而高校的社会责任感培育的问题与不足，首先就表现在对社会责任感认知教育不够重视，尤其是高校的四门主要思想政治理论课程并没有将大学生社会责任感培育作为教育目标。访谈中发现，部分云南高校思政课程中缺乏对什么是责任及为何要履行社会责任等问题的解读。更重要的是，学生反映部分教师在授课过程中缺乏责任感教育的意识，很多大学生并没有意识到个人的思想道德修养、提高社会责任感与思政课之间的关系。这些问题在高校教师心中也没有明确的答案，导致思政课程并没有充分发挥责任感培育作用。

其次，部分州市高校的培育方式比较单调、内容空洞，导致培育效果不佳。有些高校的责任感培育无法有效提升大学生的责任感水平，很多大学生对社会责任的认识和理解不到位，导致这些地区的大学生很难将社会责任感内化为自身的责任意志和责任情感，进而付诸实际的责任行为助力当地发展。由于部分高校的社会责任感培育目标不明确，不能反映培育的本质和方向，就难以使大学生产生社会责任认同感。而这些地区的学校更多的时候只抓专业知识教育和职业技能培训，责任感培育常被边缘化，相关的激励措施也是针对学业成绩而设定的，从而导致这些高校的培育效果不好、效率不高。

最后，大部分高校没有形成完整的培育系统。责任感培育必须具有连续性，部分高校在社会责任感培育目标、培育方式、培育内容等方面缺乏一致性和连贯性，不能激发大学生们的主体能动性。此外，部分学校的社会责任感培育目标单一、没有遵循培育规律、缺乏使各培育要素间发挥协同作用的机制，没有系统性。部分校园文化活动虽然与社会责任感培育有关联，但由于这些活动开展得较为分散，活动主题不够明确，未能整合成为有明确责任感培育指向的系列活动。从调研中得知，学生的社会责任感水平在大学期间不断波动，例如大一新生和大四即将毕业的学生的生活重点和学习内容并不相同，因而责任感水平也有所不同。高校缺乏个性化、针对性的社会责任感培育活动，无法让学生们充分参与、认可，从而影响社会责任感培育的效果。

（四）社会层面的社会责任感培育问题

大学生社会责任感培育的效果最终要在学生的社会实践活动中得以体现和检验。整个社会对于大学生思想观念的外在显性影响、新媒体的传播发展以及一些企事业单位为大学生提供的社会实践平台均会影响大学生社会责任感的培育。

随着生活条件、生活方式及社会关系不断发生变化，大学生的责任意识也发生了深刻的变化。如果能够受到良好的道德氛围的影响和健全的法律制度的约束，大学生的社会责任意识就较强。反之，如果受到不良社会环境的影响，大学生的社会责任意识就较弱。当前，在经济全球化、文化多元化和社会信息化的复杂背景下，一些正能量的社会责任意识开始在云南高校大学生中觉醒的同时，也有一些负面的情绪影响了大学生对社会责任感的认知，成为影响云南大学生社会责任感水平的外在原因。例如，部分大学生对物质利益近乎狂热地追求，不再追求忠诚与奉献，把个人享乐作为最高人生目标，这必将导致社会责任感的缺失。

一些大众传媒的负面影响给大学生社会责任感培育造成困难。随着社会信息化水平的不断提高，新媒体开始大量涌现，渗透到大学生生活学习的方方面面，正在改变着大学生的认知言行。互联网中的大量知识与信息，一方面有利于大学生健康成长，另一方面也有一些内容，比如暴力视频、反党反政府的言论和色情影片等会造成负面影响。这些混杂在大众传媒中的不良信息给大学生造成很大干扰，也给大学生社会责任培育造成挑战，极易引起大学生责任认知的冲突和责任选择的迷茫，从而阻碍大学生社会责任感的形成和发展。

第四章

大学生社会责任感培育的内容、规律与原则

随着中国特色社会主义进入新时代，全社会对大学生社会责任感培育的重视程度在不断提升，全国民众也对大学生履行时代赋予的社会责任有了更多的期待。大学生是国家的希望和未来，对其社会责任感的培育不仅关乎大学生个体的未来发展，而且关系到国家和民族的前途与命运。“四位一体”的社会责任感培育内容包括培养大学生对自己与他人的社会责任感，对家庭与社会的社会责任感，对国家与民族的责任感，对世界与人类的责任感。以上培育内容所遵循的是责任认知与责任行为知行合一规律，培育主体与培育客体双向互动规律，培育过程与培育实践适应超越规律，培育主体与培育环境合理作用规律。在培育过程中，“四位一体”培育机制也体现出认知与实践相结合的原则，整体性与层次性相结合的原则，内在与外在相结合的原则，激励与保障相结合的原则。

一　大学生社会责任感培育的主要内容

对大学生社会责任感的培育是大学生个体成人成才的保障，也是培养优质社会主义接班人的重要内容。多方联动致力于大学生社会的培育不仅能帮助大学生深入理解自己肩负的时代使命，而且有利于大学生在学习和生活中形成对自我的全面认知和精准定位。社会责任感是新时代

大学生本领和担当的体现，培育内容应以大学生对自己生存的责任为基础，并由此拓展到对家庭、社会和人类的多重责任，使其自觉地将个体前途与国家民族的发展紧密结合，主动承担起实现中华民族伟大复兴的历史使命。

（一）大学生对自己与他人的责任感

毋庸置疑，大学生社会责任感首先源于对自身的责任感，它是大学生自己生存发展，即身心健康和未来发展的责任保障。因此，大学生对自身的责任感是对他人及社会群体社会责任感的前提和基础。

其一，大学生对自身生存的责任。大学生对自身生存的责任包括珍爱身体、珍惜生命、涵养品德、塑型外表、锤炼心态等，正如著名的法国作家罗曼·罗兰所说："世界上只有一种英雄主义，那就是了解生命而且热爱生命的人。"① 大学生作为国家、社会、家庭倾尽资源培育的高素质人才，应当将重视生命和对自己身心健康负责作为第一责任，充分体现"千金之子，坐不垂堂"的精神实质。但在现实生活中，大学生自杀、自残等事件频发，这与大学生社会责任感不强有直接关系。当代大学生对生命存在的意义与价值认识不清，不珍惜自己的生命，不知道生命的重要性就无法全面认识自身应该在社会发展中所承担的责任与义务。可见，应当将大学生的自我责任感培育作为社会责任感培育的第一要务，深入研究大学生自我责任感的现实状况并提出有效的应对策略，将大学生生命教育、心理健康教育等作为自我责任感培育的主要内容和重要环节，使大学生能自我认知、自我肯定、自我鼓励、自我判断，从而主动承担社会责任。

其二，大学生对自身未来发展的责任。大学生对未来发展的责任包括对既定目标的追求、对未来所要掌握知识与技能的计划、对自己未来人生的全面规划等。大学生的主要职责是学习，在学习的过程中使自己掌握扎实的理论知识与生存的各项技能，这不仅是社会责任感培育的基本条件，而且是大学生成为对社会有用人才的必经之路。因此，大学生

① 涂慧：《罗曼·罗兰思想在民国时期的阐释演变》，《外国文学研究》2020 年第 2 期。

在校期间的学习与实践锻炼是个人成长与社会责任感培育的主要渠道，大学生在课程上学习理论知识要通过社会实践来锻炼自己，充实强化自己的社会责任担当，提升自我发展的能力。

其三，大学生对他人存在与发展的责任。大学生要充分认识到个人在社会发展中对他人的责任。大学生对他人的责任体现的是“修己以安人”的思想境界，“修己”即做到对自己负责，“安人”即做到对他人负责，并要正确认识对自己与对他人负责两者间的辩证统一关系。因此，大学生虽然在学校学习也不能脱离社会，要对社会中的群体存在有所认知，进而全面感知自己在社会中对他人的责任感。对他人负责在某种程度上来说就是对自己负责的一种体现，懂得“君子莫大乎与人为善”的道理。首先，大学生对他人的责任感体现的是对他人生命的责任感。其次，大学生对他人的责任感也体现在帮助他人、包容他人、体谅他人、关爱他人等一系列主动行为。对他人的责任感不仅包括对同学师长、亲朋好友的责任感，而且包括对陌生人的责任感。大学生的成长发展离不开社会中他人的帮助与负责，大学生也有对他人生存与发展的责任和使命。因此，大学生要积极主动地帮助周围的同学朋友，共同进步携手前行，更要力所能及地对陌生人施以援手，帮助他们走出困境。

（二）大学生对家庭与社会的责任感

习近平总书记对家庭的重要作用予以高度关注，他指出：“无论时代如何变化，无论经济社会如何发展，对一个社会来说，家庭的生活依托都不可替代，家庭的社会功能都不可替代，家庭的文明作用都不可替代。”① 习近平总书记还指出，“家庭是人生的第一个课堂”②。蔡元培先生也曾说：“家庭者，人生最初之学校也，一生之品性，所谓百变不离其宗者，大抵胚胎于家庭之中。”③ 家庭承担着培育子女健康心理、仁义

① 中共中央党史和文献研究院编：《习近平关于注重家庭家教家风建设论述摘编》，中央文献出版社 2021 年版，第 3 页。

② 中共中央党史和文献研究院编：《习近平关于注重家庭家教家风建设论述摘编》，中央文献出版社 2021 年版，第 18 页。

③ 罗志田：《重访家庭革命：流通中的虚构与破坏中的建设》，《社会科学战线》2020 年第 1 期。

道德、品行修为、礼仪行为、发语行事等的重要职责，父母作为孩子的第一任老师，更肩负着子女家庭责任感培育的主要任务。

作为大学生社会责任感的重要组成部分，家庭责任感的养成对于大学生成长至关重要。大学生对家庭的责任感是自觉承担各种家庭责任，包括团结家庭成员、尊敬长辈、孝敬父母、帮助父母减轻家庭负担，促进家庭和谐、幸福。大学生对家庭的责任是作为社会人本应该履行的义务，表现出大学生热爱家庭、热爱生活的朴素的社会责任情感。正如孔子所言“父母之所爱亦爱之，父母之所敬亦敬之”，只有当大学生在家庭中学会了肩负对父母及家庭的责任时，方可潜移默化地将这种责任情感迁移至他人身上，尊敬他人、爱护他人、与人为善，从而更进一步将这种情感上升到更高的层面，如热爱国家、热爱民族进而产生民族自豪感，自觉为国家富强、民族复兴努力奋斗，贡献自己的青春和热血。同时，大学生在家庭中也要对其家庭成员承担应有的责任，包括对家庭成员的尊重、理解、爱护、体谅、帮助等基本情感责任。大学生对家庭的责任感不仅是受家庭教育影响所形成的主动情感表达，更是作为社会责任的基础而存在的行为与情感。家庭责任感是社会责任感的重要组成部分，大学生只有对家庭责任有所认知才能对国家、对他人有更加坚定的责任感。

大学生对社会的责任感主要是其对社会安定和谐发展所应承担的职责及对社会作出的贡献，包括恪守社会公德、维护社会有序运行、维护群体利益等。恪守社会公德即梁启超所言的“夫所谓公德云者，就其本体言之，谓一团体中人公共之德也；就其构成此本体之作用言之，谓个人对于本团体公共观念所发之德性也”①。大学生要遵循道德和正义准则，在公共生活中规范自己的言行以体现对他人、对社会的责任。另外，大学生对社会的责任感更应该体现在对未来的职业生涯规划和爱岗敬业上。大学期间的学习是大学生走向社会、走向未来工作岗位的准备阶段，要从大学四年的教育开始培育大学生的社会责任感，使其对未来的职业

① 陈来：《梁启超的“私德”论及其儒学特质》，《清华大学学报》（哲学社会科学版）2013 年第 1 期。

和岗位职责有一个全面、客观、理性的认识，在此基础上才能具备职业责任感，从而逐渐形成对所从事职业的认同感，以严谨认真的态度做好自己的本职工作。对大学生的社会责任感培育应从其对中国特色社会主义事业所涉及的各领域和各职业的客观理性认知开始，使其对自己想从事的职业形成高度的责任感，并在实习过程中加以锻炼，助力社会的发展和国家的进步。

（三）大学生对国家与民族的责任感

习近平总书记曾这样寄语青年："祖国的青年一代有理想、有追求、有担当，实现中华民族伟大复兴就有源源不断的青春力量。希望你们扎根中国大地了解国情民情，在创新创业中增长智慧才干，在艰苦奋斗中锤炼意志品质，在亿万人民为实现中国梦而进行的伟大奋斗中实现人生价值，用青春书写无愧于时代、无愧于历史的华彩篇章。"① 国家所提供的和平舒适的生活环境和各种精神、物质资源是大学生日常学习生活及成长的必备条件，因此，大学生在享受国家带来的诸多资源的同时，也应承担起对国家发展的责任。大学生要积极主动地承担起建设祖国的重任。大学生对国家和民族的社会责任感不仅源自对自己家乡、故土和亲人的眷恋依赖，而且源于对中华民族悠久历史文化的感知与认同，更源自对党和政府的信任，对国家民族前途命运的关心，对中华民族优秀传统文化的继承和弘扬，对社会主义核心价值观的自觉践行。

当前大学生对国家和民族的责任感总体而言是积极良好的，然而在调查过程中也发现，部分大学生将自己的利益凌驾于国家和民族的利益之上，不顾国家和民族利益甚至不惜用损害国家利益和民族利益的方式谋求私欲，这是典型的国家和民族责任感缺失的表现。不仅如此，更有一些大学生受到网络上错误言论观点的误导，而在网络上发表辱骂祖国、献媚国外敌对反动势力的错误言论。大学生作为国家民族的希望与未来，肩负着实现民族伟大复兴的重任，对于大学生社会责任感的培育关乎国

---

① 《习近平总书记给第三届中国"互联网＋"大学生创新创业大赛"青年红色筑梦之旅"的大学生的回信》，《人民日报》2017 年 8 月 16 日。

家和民族的兴旺，关乎大学生正确的人生观、价值观的树立。对大学生进行社会责任感培育，不断强化大学生对国家和民族的认同感迫在眉睫，任重道远。习近平总书记指出："历史和现实都告诉我们，青年一代有理想、有担当，国家就有前途，民族就有希望，实现中华民族伟大复兴就有源源不断的强大力量。"① 广大青年要"忠于祖国、忠于人民……要了解中华民族历史，秉承中华文化基因，有民族自豪感和文化自信心……要把自己的理想同祖国的前途、把自己的人生同民族的命运紧密联系在一起，扎根人民，奉献国家"②。要培育大学生对国家和民族的责任感，积极引导大学生励志砥行实现人生价值，通过对大学生社会责任感的培育，让其明晰个人与国家和民族的关系，深刻理解"国不存，家何在？个人何以立足？个人何谈发展？""得其大者可以兼其小"的蕴意。

（四）大学生对世界与人类的责任感

青年一代有理想，世界和人类发展就有希望，大学生作为推动世界和人类文明进步的重要力量承担着未来社会和人类发展的责任。随着科技的日新月异，经济全球化、信息化、开放化趋势更加明显，要求大学生要以世界眼光和互惠共赢、共同发展的思想观念融入世界发展和全球人才竞争与合作的过程当中去，对人类社会的整体利益以及未来世界人文环境与自然环境的发展变化担负责任。

2017 年 1 月，习近平主席在联合国日内瓦总部发表《共同构建人类命运共同体》演讲，首次向国际社会阐释共建人类命运共同体理念，将共同体概念嵌入全球化语境中，作为中国智慧和中国方案得到国际社会的广泛认可。人类命运共同体不仅是在各国之间和世界人民之间形成的一种相互依存、相互联系、命运与共、休戚相关的利益共同体，而且是将人类作为一个整体而存在的伙伴共同体。人类命运共同体的本质是全世界的人民之间要形成一种风险共担、利益互享、行为趋同、价值相容、互帮互助的伙伴关系。其中包含着平等、互商、公道、正义、共

① 习近平：《论党的工作》，中央文献出版社 2022 年版，第 51 页。

② 习近平：《在北京大学师生座谈会上的讲话》，人民出版社 2018 年版，第 11—12 页。

建、共享、绿色、和谐、开放、文明、互帮、包容、合作、共赢、互谅、互进的人类共同价值观念。大学生是构建人类命运共同体的重要力量，要不断增强大学生对全人类和全世界发展的责任感，以“五个认同”为桥梁与纽带，为大学生搭建各种国际交流平台，增进不同国家与民族的大学生间的沟通交流，激励大学生理解、面对各民族文化间的差异，培育大学生的理性思维，帮助大学生理性分析人类所面临的共同发展难题和发展危机，引导大学生树立平等、尊重、公平、开放、包容的国际视野，从而提升大学生的责任感。

习近平总书记指出：“广大青年要坚定理想信念，志存高远，脚踏实地，勇做时代的弄潮儿，在实现中国梦的生动实践中放飞青春梦想，在为人民利益的不懈奋斗中书写人生华章！”① 新时代的大学生不仅要为中华民族伟大复兴的中国梦努力奋斗，而且要以为人类的发展进步作出新的更大的贡献为自己的使命担当和责任。因此，在大学生社会责任感培育中要把对人类和世界发展的责任感确立为主要内容，应将大学生自身发展与时代潮流、人类命运、世界发展趋势紧密联系在一起，促使大学生对人类社会的整体利益及未来发展负责。

二　大学生社会责任感培育的重要规律

大学生社会责任感培育是一项长期的系统的实践性工程，需要有目标、有计划、有组织地进行，在大学生社会责任感培育过程中必须通过探讨培育活动的内在必然联系和发展变化趋向，凝练大学生这一特殊群体社会责任感的整体特征，总结其社会责任感的培育规律，才能为大学生社会责任感培育实践活动提供可靠的理论指导。大学生社会责任感培育的规律是大学生社会责任感培育过程中各影响因素之间必然的本质联系，以及各因素之间运动变化的必然趋势，包括培育主体与大学生之间的关系，社会客观责任要求与大学生责任感真实水平之间的相互作用等。

① 《习近平谈治国理政》第3卷，外文出版社2020年版，第55页。

在培育大学生社会责任感的过程中，要充分认识培育规律、遵循培育规律、运用培育规律，方可达到培育的目标，保证培育成效。

（一）责任认知与责任行为知行合一规律

将大学生的社会责任感与大学生的实际行为相统一是大学生社会责任感培育的题中应有之义，大学生社会责任感的培育从来就不是一个纯粹的理论问题，而是社会意义和社会价值的统一。大学生社会责任感培育是将青年学生内在的价值观外化为实际行动的一个过程，其包括价值观的内化过程和外在行为表现的外化两个重要的组成部分，核心在于要知行合一。内化意味着大学生能够将责任规范、要求转化为责任意识，通过提升责任意识和情感认同，将普遍的社会责任转变为自我意愿的心理过程。而外化就是将大学生的自我意愿和责任转化为正在主动进行的责任行为的过程。然而在现实的社会生活和学习中，大学生的社会责任感和社会行为普遍脱节，具体表现为知错犯错、知行不一、重知轻行、知前行后。究其原因，是由于对大学生社会责任感的培育中没有遵循知行合一规律，更缺乏在培育过程中将其意识与行为相统一，进行意识到行为的转换，未做到内化于心外化于行。因此，对新时代的大学生进行社会责任感培育，必须要将知行合一规律贯穿于培育的全过程。

1. 将责任认知教育与实践锻炼相统一

目前高校主流的培育观念是“先知后行”。家长、高校教师和社会机构等各培育主体大多认为，大学生在学校的主要任务就是认真读书，学习理论知识，不应过多参与社会实践活动；大学生在家里不要过多参与日常家务劳动浪费宝贵的学习时间。这些观念极大地弱化了实践锻炼在大学生责任感培育中的作用，导致社会实践成为一个被忽视的环节，没有在培育过程中发挥应有的作用。然而，社会实践活动不仅是检验大学生是否具备高度责任感的标准，而且是大学生社会责任感形成和不断发展的动力，如果不能通过社会实践锻炼来提升社会责任感，社会责任感培育就失去了意义。

明代哲学家王阳明在《传习录》中曾说过：“未有知而不行者。知而不行，只是未知。”① 大学生社会责任感培育不能只停留在理论培育层面一味地灌输书本知识，更应该将社会实践融入其中，参与社会实践有利于提高大学生的认知能力、理解能力，使其明辨是非，磨炼意志，强化责任感。只有将大学生在学校接受的理论知识结合家庭、学校、社会的各类实践活动，通过实践锻炼才能形成强烈的社会责任。

2. 将“知”与“行”有机结合

习近平总书记指出：“‘知’是基础、是前提，‘行’是重点、是关键，必须以‘知’促‘行’，以‘行’促‘知’，做到知行合一”②。责任培育包括理论认知和责任实践两个重要方面，知而不行、先知而后行以及“知”与“行”的简单叠加，都会在大学生社会责任感培育中起到阻碍作用。大学生的社会责任感培育必须源于社会生活，最终的培育结果也要回归社会生活，社会实践是重要环节。作为培育主体的家庭、学校、社会和大学生个人都应该充分认识到社会责任感认知与社会责任感实践的统一性，决不能孤立割裂地理解“知”与“行”的关系。“知”与“行”的有机结合并不是简单地在学校认知理论灌输过程中进行几次实践活动那么容易，而是要将知行合一规律贯穿于大学生社会责任感培育这样一个复杂系统的每一个方面，在大学生理论学习的过程中充分融入实践的内容，才能真正取得培育的实效。

目前，很多高校都开展了一些校园实践活动，如戏曲、书法、武术、体操、舞蹈、游泳等社团组织的课外活动，以及各种美食节、女生节、科技节、健身节等联谊活动，这些活动并没有包含人格品德教育，未能充分传达责任感的理念、内核，只停留在“行”的表面，在实践方式上表现得看似轰轰烈烈实则已然“知行脱节”，并未彰显责任感实践教育的本质。在大学生社会责任感培育中只有将“知”与“行”有机结合起来，既重视理论的学习，又为实践活动赋予生命力，实现理论与实践之间的相辅相成，方能起到培育的良好效果。

---

① 王阳明著，叶圣陶点校：《传习录》，北京时代华文书局2019年版，第21页。

② 中共中央文献研究室编：《习近平关于党的群众路线教育实践活动论述摘编》，党建读物出版社、中央文献出版社2014年版，第39页。

（二）培育主体与培育客体双向互动规律

认识论中的一对基本范畴就是主体与客体，主体与客体之间是认识和被认识的关系，客体制约主体，主体又能动地反映客体。大学生社会责任感培育过程中的两个基本要素就是培育主体与客体，培育主体与客体两者之间通过相互联系、相互促进共同推动大学生社会责任感培育取得实质性进展。大学生社会责任感培育就是通过培育主体与大学生社会责任感之间的相互影响、相互联系、相互促进、相互作用的双向互动增强大学生社会责任感的过程。双向互动规律揭示了大学生社会责任感培育主体与客体间联系与互动的一般规律。

一方面，作为培育主体的老师、家长、社会和学生个人在大学生社会责任感培育中负责组织培育活动，不仅掌握着社会责任的表达，而且传递责任理论与规范，是培育活动的主导力量。同时，大学生自身作为培育的主体也应自觉主动参与培育活动，培育主体的激发激励对自我培育相当关键，要能动认识培育目标，全面了解和掌握培育内容，自我激发内在动能进行自我培育，将责任规范和要求内化成责任感来指导自身的责任行为，提升自己的社会责任感。另一方面，大学生社会责任感作为培育客体也会影响培育的主体，会在培育过程中不断对培育主体提出更高的要求。培育主体与培育客体是一个双向互动的过程，只有培育主体与客体之间形成良性互动，才能实现责任感培育的目标。

双向互动规律也是高校思想政治教育的重要规律。大学生在高校接受社会责任感培育的主要渠道就是各种形式的思想政治教育，也必须遵循双向互动规律，通过大学生自我意识所主导的自我需求与大学思想政治课程（包括理论课程与实践课程）之间形成双向互动来达到社会责任感培育的目标。一方面，身处信息化时代的大学生获取各种信息知识更加便捷，知识面更加丰富，对未来自身发展有更好的规划，对自身的现实需求有更多的期待，使得大学生的自主意识和主体性责任不断增强，因此，大学生希望自主分析和解决问题，通过自我培育和自身努力来达成愿景，这就为大学生社会责任感培育创造了很多有利因素。另一方面，新时代大学生对除自己以外的培育主体也提出了更高的要求，理论知识的灌输已经不能满足大学生对广博知识的需求，他们希望通过平等交流与互动方式实现知识信息的共享。培育主体要选择更加灵活的教育教学方法，运用双向互动规律调动大学生的热情，使他们主动参与思想政治实践课。

（三）培育过程与培育实践适应超越规律

适应超越规律由“适应”和“超越”两部分组成。大学生社会责任感培育过程必须要从大学生主体的具体实际情况出发，适应时代特征、适应大学生现实境遇；同时要积极引导大学生不断超越自我，向更高责任境界逐步迈进。

1. “适应”与“超越”辩证统一于培育实践

“适应”与“超越”紧密联系，辩证统一于责任感培育的实践活动中，共同助力大学生社会责任感水平的不断提升。首先，大学生社会责任感的“适应”性为“超越”性奠定了基础。新时代大学生社会责任感培育的最终目标是通过培育过程不断提升大学生担当作为的勇气与决心，并使之付诸行动，由此营造良好的社会氛围。大学生的责任感培育不是靠凭空想象，而是从现实出发，在现有基础上不断创新和自我超越。在大学生社会责任感培育过程中，“适应”决定着培育活动中的现实状况。大学生社会责任感作为一种社会实践活动永远不可能独立于社会生活之外，大学生社会责任感的培育是一个全面的系统工程，总是随着社会发展进步而不断发生变化。如若少了“适应”这个必要环节，责任感的培育实践也必将成为无法落地的空中楼阁。另外，作为大学生特有的能动性活动，责任感培育赋予了大学生内在规定性，使大学生真正意义上成为社会发展的主力军。人的一切意识和行为都必然要受制于社会现实，而这种现实性不仅决定了大学生的需求水平，也限制了责任感培育的内容、原则和方式。

其次，实现“超越”是为了“适应”，“超越”在责任感培育过程中决定着如何培育。新时代大学生社会责任感培育的目标是“超越”现有一切，拥有比现阶段更加强烈、更宽广、更全面的社会责任感。遵循适应超越规律，就是要在培育过程中使“适应”与“超越”之间发生交互作用，在不断的适应中实现不断的超越，实现再适应、再超越的不断循环，最终达成大学生社会责任感培育目标。新时代大学生社会责任感培育过程不能只谈“适应”，而忽视“超越”的价值，更不能空谈“超越”而不顾“适应”。总之，整个培育系统必须尊重适应超越规律，从而实现培育目的。

2. 培育过程与现实相适应

责任感培育的过程实质上是培育主体根据社会发展的客观要求，对大学生施加教育引导的有目的有计划的活动。要促使大学生的社会责任感与社会责任行为适应社会发展的需求，必须使培育目标、内容、方法等符合大学生思想实际，满足大学生精神需求，采用大学生乐于接受的教育方式，而且还要顺应当今国内外发展现实。首先应根据大学生个性特征制定差异性的培育方案。大学生在知识结构、兴趣爱好、心理素质、性格特点等方面存在诸多差异，大学生的社会责任感水平也有高有低，培育主体就应在考虑大学生个体差异及现实需求的基础上，确定有针对性的培育方案。其次，培育实践必然会受到政治、经济、文化、社会等的影响，使培育工作面临诸多机遇与挑战，合理的应对之道就是使培育实践适应时代背景和社会发展现实，从国内外的实际境遇出发，应用先进理论、先进科学技术和先进教育方法，迎合社会发展趋势，方能达到培育目的。

3. 培育过程超越学生社会责任感水平

通过调研发现，云南高校大学生当前的责任感水平与社会发展所要求的责任感水平之间还存在差距，因而有必要通过多元化培育实现对当前水平的超越。首先，培育目标要高于当前大学生责任感的实际水平。以最高标准设立培育目标，在培育过程中充分借助目标激励手段，最大程度地契合并满足大学生对未来的期许，从而实现大学生身心全面发展。其次，培育的指导思想和内容要更加具有创新性，并具有指导实践的现实意义。大学生要在原有的责任感水平基础上“超越”社会发展需求，并随着社会需求的不断变化实现不断超越。这个不断超越的过程就是大学生自我成长超越的过程。在这个过程中，自我培育起到了决定性的作用，它是社会责任感培育的重要组成部分，也必然要求培育指导思想、内容方法、原则策略等方面超越现有水平。

（四）培育主体与培育环境合力作用规律

大学生社会责任感培育效果会受到多种因素的制约，包括培育主体、培育环境等。这些因素共同影响甚至决定了责任感培育的实际效果。大学生责任感培育必须遵循并利用合力作用规律，将各培育主体、培育环境进行系统整合，才能达成整体性的培育目标。

1. 培育主体间的合力作用

大学生社会责任感培育是一个复杂、全面、开放的过程，在这个过程中，大学生自己、家长、老师、社会分别在不同时期担任培育的主体。不同培育主体会对大学生的社会责任情感和责任行为产生不同的影响。通常情况下，各培育主体在目标期望上是共通的，如期望大学生孝敬父母、尊重师长、遵纪守法等，但因大学生个体在责任感认知和责任感行为能力等方面存在差异，就会使培育主体面临不同的现实问题，从而使培育主体实施的培育方式有所不同，最终产生的影响也会不同，甚至在某些时候造成矛盾和冲突。

在调研中发现，有些大学生由于毕业时的就业意愿与家长的意见不统一，在家长的逼迫之下不得已选择了自己不喜欢的工作岗位，从而导致他们对工作失去兴趣，对人生失去激情，没有办法担负自己应尽的社会责任。这种现象就是大学生作为自我培育的主体与家长这一责任感培育主体之间缺少交流，未能发挥协力作用的结果。为避免这种情况产生，各培育主体间就要相互协调、沟通交流，及时修正培育目标，共同达成培育愿景，形成合力作用，才能实现培育功能的最大化。

2. 培育环境间的合力作用

按照系统论的观点，培育过程并不是封闭的，也不是孤立的，它是培育主体、客体与各种环境相互影响作用的系统。环境对大学生的社会责任认知与行为会产生重要的影响，例如家庭环境、学校环境、社区环境及政治环境、经济环境、文化环境、社会环境、生态环境等。这些环境可能相互促进也可能相互抵触。复杂的社会环境和繁杂的信息会对大学生社会责任感培育产生或积极或消极的影响。培育过程中就必须控制各种环境对大学生的影响，要整合积极环境因素使其形成合力，共同推进大学生社会责任感的养成，同时要最大限度地抑制和消除各种负面环境因素。促使各环境因素环环相补、彼此配合构成“教育闭环”，营造良好的培育环境，共同推进大学生社会责任感的培育。

三 大学生社会责任感培育的重要原则

（一）认知与实践相结合的原则

处理好“知”与“行”的关系必须遵循责任认知与责任实践相结合的原则，只有在大学生社会责任感培育过程中做到知行合一才能让责任感培育取得显著成效。调研发现，云南高校各地区大学生的责任认知和行为之间存在明显的脱节。有些大学生对责任认知与责任行为的基本内容不了解，不知道什么是责任，怎样去履行自己的责任；也有一些学生明白责任的重要性，却逃避应该承担的责任。培育大学生社会责任感的落脚点应该是促使大学生在一言一行中践行责任，通过责任行为实现大学生自身成长成才与社会发展相统一。责任认知就是大学生对责任的认知水平，即了解什么是责任，哪些社会责任是自己必须履行的，自己要用何种方法来履行社会责任等；责任实践，就是通过责任行为来践行社会责任的过程。责任认知与责任实践相结合就是既要提高大学生的责任认知水平，又要指导大学生做到知行合一，保持认知和行为一致。

认知与实践相结合原则充分体现了辩证唯物主义认识论的核心内容，也是中国传统文化有关知行学说的现代化体现。自古以来，认知与实践相结合、知行统一都是中国家庭、学校教育中推崇的教育原则之一，如墨子在其《修身》中所言：“务言而缓行，虽辩必不听。多力而伐功，虽劳必不图。慧者心辩而不繁说，多力而不伐功”[①]；孔子在《孔子家语》中指出：“知而弗为，莫如勿知。亲而弗信，莫如勿亲”[②]；荀

① 方勇译注：《墨子》，中华书局 2019 年版，第 33 页。

② 王肃：《孔子家语》，北方妇女儿童出版社 2016 年版，第 166 页。

子认为："不闻不若闻之，闻之不若见之，见之不若知之，知之不若行之"①；王阳明认为，"真知即所以为行，不行不足谓之知"②；陆游在《冬夜读书示子聿》中写道："纸上得来终觉浅，绝知此事要躬行。"③ 依据马克思辩证唯物主义的观点，大学生社会责任感要在社会实践中形成，并接受社会实践的检验。大学生不仅要通过学习理论知识，而且需要进行社会实践，方能达成社会责任感培育目标。认知是前提与基础，实践是重要的行动环节，将认知与实践相统一贯穿于培育全过程，是大学生社会责任感培育的必然要求。

《国家中长期教育改革和发展规划纲要（2010—2020 年)》提出："要注重知行统一。坚持教育教学与生产劳动、社会实践相结合。"④《关于进一步加强和改进大学生思想政治教育的意见》也指出："坚持知行统一，积极开展道德实践活动，把道德实践活动融入大学生学习生活之中。"⑤

党的十八大以来，习近平总书记进一步阐释"认识"与"实践"的关系并强调"认识"与"实践"必须相辅相成："'知'是基础、是前提，行是重点、是关键，必须以知促行、以行促知，做到知行合一。"⑥ 习近平总书记论述知行问题时反复强调要把学到的本领运用到实际工作中去，提出："学到的东西，不能停留在书本上，不能只装在脑袋里，而应该落实到行动上"⑦。2014 年 5 月，他在北京大学师生座谈会上的讲话中指出："道不可坐论，德不能空谈。于实处用力，从知行合一上下功夫，核心价值观才能内化为人们的精神追求，外化为人们的自觉行动。"⑧

---

① 孟宪承等编：《中国教育史资料》，人民教育出版社 1961 年版，第 127 页。

② 王守仁：《传习录》，开明出版社 2018 年版，第 153 页。

③ 王昶编著：《古典诗词名句鉴赏》，山西经济出版社 2012 年版，第 249 页。

④ 《国家中长期教育改革和发展规划纲要（2010—2020 年)》，中华人民共和国教育部，http://www.moe.gov.cn/jyb_xwfb/s6052/moe_838/201008/t20100802_93704.html? eqid = 90bc801a000f3f5400000006643d3107，2010 年 8 月 2 日。

⑤ 《中共中央国务院发出〈关于进一步加强和改进大学生思想政治教育的意见〉》，中华人民共和国教育部，http://www.moe.gov.cn/jyb_xwfb/gzdt_gzdt/moe_1485/tnull_3939.html，2004 年 10 月 15 日。

⑥ 蔡利民：《以知促行　以行促知》，《光明日报》2016 年 5 月 27 日。

⑦ 习近平：《在北京大学师生座谈会上的讲话》，人民出版社 2018 年版，第 13 页。

⑧ 习近平：《青年要自觉践行社会主义核心价值观——在北京大学师生座谈会上的讲话》，人民出版社 2014 年版，第 11 页。

始终坚持认知与实践相结合的原则，要求培育主体向大学生传授正确责任观，帮助大学生掌握正确践行方法，引导大学生结合自身实际明晰自己该肩负的社会责任，并在实践中主动履行责任。

（二）整体性与层次性相结合的原则

整体性与层次性相结合的原则是责任感培育必须遵守的重要原则。大学生社会责任感培育的各个环节相互衔接形成了一个有机的“闭合”系统，系统中的每一个环节都发挥着重要作用。按照整体性与层次性相结合的原则，大学生社会责任感培育不仅要注重培育的整体性，同时也要考虑到不同层次大学生的差异性。责任感培育要科学进行，必须始终牢记培育系统不是孤立的，它的形成、践行、完善等过程都始终要体现整体性，实现整体性机制对培育的优化效果，最大限度地发挥大学生社会责任行为在推进社会全面进步和实现大学生全面自由发展方面的重要功能和价值引领作用。同时，责任感培育应该从大学生的实际出发，分层次进行个性化的有针对性的教育。

大学生社会责任感培育首先要遵循整体性原则。大学生社会责任感培育是一个丰富而完整的教育体系，这个教育体系以责任感的形成发展过程与教育规律为依据，构建起整体性培育机制，包括主体、客体和环境各要素，内容、途径和原则等各环节的合力共进。其次，大学生社会责任感培育要遵循层次性原则。大学生作为一个特殊群体，除了具有整体性特征外，还体现出层次性特征，例如他们在思想观念、家庭环境、发展需求等方面的差异性，以及性别、年龄、地域、学校、专业的差异性，使其责任感水平呈现复杂的层次性。

坚持层次性原则，对大学生社会责任感水平进行深入调查研究，对不同层次的大学生进行分层培育，才能达到因材施教的目的。总而言之，大学生社会责任感培育既要整体上发挥各要素间的合力，也要进行分层次培育，实现整体性与层次性的有机结合。

（三）内在与外在相结合的原则

大学生的社会责任感培育需要家庭、学校和社会为其创造良好的外部支持。与志同道合的家人、朋友、师长的交流和合作对于帮助大学生树立远大理想和主动承担社会责任感十分重要。一方面志同道合者的交流可以实现思想碰撞、经验分享和资源共享，另一方面志同道合者之间的合作有助于大学生维系良好的人际关系，获得家人和师友的理解、支持和鼓励，助力其在实践中保持积极的心态、不断提升自身能力。

大学生社会责任感的培育更离不开大学生的自我激励。培养大学生社会责任感从根本上说是大学生自我教育和自我激励的结果。对身处价值观多元化时代的大学生来说，自我激励的结果是确立远大理想，形成正向的自我认知。没有自我理解就没有责任感和使命感，没有正确的自我认知就无法面对挑战和接受失败，也就无法承担起对自己和社会的责任。大学生远大理想的确立需要大学生审视自我，通过在校期间的海量阅读和社会实践开拓视野，思考自己对于美好未来的期待及其实现路径等问题来明确自己的价值观和行动目标。只有明确远大的人生理想，才能激发出承担社会责任和自我教育的能动性，进而使学生在社会实践中敢于挑战并不断超越自我，最终成为对社会有用之人，对社会主义建设事业负责之人。

遵循内在与外在相结合的原则进行大学生社会责任感培育，不仅要注重发挥家长、教师等的引导性作用，而且要发挥大学生的主观能动性，激发其自我培育的主动性。只有将内因机制和外因机制有机统一，才能提高大学生社会责任感水平。实现大学生的自我教育是教育的真正目的，只有通过大学生在对自我需求的认知的基础上进行“自教”才能实现“他教”与“自教”，实现内在与外在的统一。此外，创造良好的外部环境帮助大学生提升社会责任感，还需要家长、教师、社会群体等其他主体发挥价值引领作用，让大学生的社会责任感在社会实践中得到锻炼和强化，让大学生客观认识外部世界和全面认知自我。

（四）激励与保障相结合的原则

激励与保障相结合是大学生社会责任感培育中必须遵循的另一原则。依据双因素理论，培育中能够引起大学生社会责任感动机的有两个重要的因素，一个是保障因素，另一个是激励因素。通过激励因素能够在大学生履行社会责任时给其带来满意感，从而调动其积极性；通过保障因素能够消除大学生在社会责任感培育中的不满。大学生社会责任感培育过程中要坚持激励与保障相结合的原则。

首先要利用好榜样的示范作用。大学生在承担相应的社会责任时时常不知道该如何行动，更不知道如何将社会责任上升到更高层次，这就需要榜样的示范和引导。榜样的力量就如同大学生学习生活中的灯塔，可以指引大学生不断履行社会责任展现自我能力，榜样的示范作用也可以使迷茫没有方向感的大学生找到努力和奋斗的方向，从而向榜样看齐靠拢，推动大学生明晰自己的责任与义务，提高自身的品性修为。

其次要建立完善的奖惩机制。为了规范大学生的社会责任感意识，可以采取奖励和惩罚相结合的方式。奖惩力度要适度，使奖励和惩罚作用的效果最大化。奖赏不可太轻，惩罚也不可过重，尺度把握不好就有可能在大学生社会责任感培育的过程中产生相反的效果，适度的奖惩措施才能在促进责任感提升方面有积极作用。在实施奖惩措施的整个过程中，可以使大学生做出正确的价值判断，使其得到正向情感体验，促进身心健康发展。同时，合理的奖惩制度尤其是对大学生的表扬和鼓励，有利于加强大学生的社会责任认同，使其获得认同感和成就感，从而激发其责任行为。此外，必要时采取一定的惩罚措施会促使大学生严格要求自己，注意自己的行为举止，尽可能地选择有利于社会发展的行为方式，从而达到不断提高大学生社会责任感水平的效果。

最后要建立完善的保障机制。对于大学生社会责任感培育来说，需要借助一定的资源作为培育后盾和基础，为了有效地利用社会资源为大学生社会责任感培育服务，一系列的保障机制就显得尤为重要。只有实现社会资源的合理配置，才能保障大学生的基本利益，发挥保障机制的功能。因此，我们要通过各种路径来重视并健全针对大学生的权益保障机制，提升他们的社会责任感意识及水平。比如，当前部分大学生缺乏基本的法律常识，致使自身合法权益被损害。对此，学校应定期举办一些法律知识讲座，增强大学生的守法意识，以减少大学生由于忽视其自身权益而造成的对一些责任行为把握不准而产生不良后果的现象。

第五章

大学生社会责任感培育的路径

针对云南各地区高校大学生社会责任感培育工作的实际情况，云南大学生责任感培育路径必须要让大学生发挥自我教育主体性培育作用，家庭充分发挥基础性培育作用，学校发挥主渠道培育作用，社会发挥平台和依托性培育作用，从而构建起各培育主体广泛联动的培育合作实践和立体化协同育人的培育体系。

一　个体层面：内在生成机制建构

2016年4月，习近平总书记在考察中国科技大学时强调："青年是国家的未来和民族的希望。希望同学们肩负时代责任，高扬理想风帆，静下心来刻苦学习，努力练好人生和事业的基本功，做有理想、有追求的大学生，做有担当、有作为的大学生，做有品质、有修养的大学生。"① 社会责任感培育离不开大学生对其责任认知结构的不断调整与深化，需要大学生激发自身的内在潜能和动力，在自我培育过程中构建内在社会责任感生成机制，从而不断自我革新、自我完善、自我提升、自我实现、自我超越。从大学生个体层面看，社会责任感培育的路径主要有构建心理培育机制、动力激发机制和能力提升机制。

---

① 中共中央文献研究室编：《习近平关于青少年和共青团工作论述摘编》，中央文献出版社2017年版，第52页。

对此，首先要构建云南各地区高校大学生社会责任感培育的自我调节机制，促进这些地区大学生社会责任感生成。由于大学生之间客观存在的个体差异造成他们的心理活动、心理调控能力有所差别。因此，在培育过程中要建立自我调节机制以强化大学生的自我心理调节能力，促使大学生在自我培育的过程中塑造健康积极心态。云南高校部分大学生受到特殊民族文化影响自我心理调控能力稍弱，因此尤其要注重自我心理调控。云南大学生要及时通过与老师和同学之间的沟通交流及各种互联网信息全面分析国内外时政，了解时代特征、社会思潮和社会道德风尚，确定自己的理想信念，积极参与所处地区社会生产活动，全身心投入建设美丽家乡的事业中，理性判断时代所赋予自己的使命任务，不断增强自己的社会责任意识。

其次要构建社会调节机制，促进云南高校大学生社会责任意识不断提升。社会调节的能力对于大学生社会责任感水平起到根本的调整作用。云南各地州市高校发挥培育主渠道的功能也是不容忽视的，高校要将大学生的思想教育工作置于首位，高校教师要不断提升自己的专业能力和品德修养，主动在学习和生活中与大学生加强沟通联系，及时与学生谈心谈话，通过思想政治课和自身的修为潜移默化地影响学生，注重对大学生身心与素质的双向培育。不断改革教育体制，结合校情、省情国情创新思想政治教育教学方法，用全新的教育模式和思维方式积极引导大学生树立坚定的理想信念，树立大局意识，将大学生责任感培育放在首位，在加强思想政治教育的同时不断强化大学生社会责任感。同时也应该重视社会在大学生社会责任感培育方面所具有的影响力，社会各界要关注大学生成长，积极与高校配合建立合作平台，帮助大学生加强实践锻炼，以校企合作活动为依托来助力大学生责任感培育，促使学生主动地融入当地社会，为当地经济、政治、文化建设事业贡献自己的力量。

（一）心理培育：构建大学生内在认知情感意识机制

一般来说，心理机制是指个体的心理变化与各心理构成要素之间的组成方式和相互联系。从大学生这一培育主体出发，提高云南高校大学生的社会责任意识需要从心理认知机制、情感认可机制和意识认同机制等方面入手。其中，认知是对培育目标、内容、方式等的全面了解，是社会责任感培育的前提和基础，同样也是责任感意识形成的基础与前提；认可就是在对大学生心理变化趋势和可能会发生的结果进行预测后所构建的心理调控方式及对大学生心理朝着积极方向发展的赞许；认同是大学生对社会责任感的肯定，认同是在认可基础上的提升。心理认知不仅起着基础性保障作用，同时也对情感认可和意识认同起着监督和保障作用，情感认可与意识认同对培育具有升华和促进作用。

1. 构建大学生社会责任感培育的心理认知机制

心理认知是社会责任感培育的前提基础。对于大学生来说，认知作为个体对世界和事物发展情况了解的整体过程，其心理感受力、心理承受力、心理变化程度等都在培育过程中起到关键性作用。在责任感培育问题上应激发大学生积极向上的心理，使其提升心理素质，保持良好健康的心理状态以便于个体全面理解和重新认识自身所需要承担的责任问题。只有通过心理引导，让大学生清楚地认知到自己所需要承担的社会责任，且对这些责任有正面而深刻的理解，方能真正自觉地去履行相关责任义务。心理认知机制就是要通过对大学生的心理健康教育、心理疏导教育，提高大学生的心理认知能力和自身的自律性和自觉性，从而引导大学生主动履行社会责任的全过程。这就要求大学生作为培育的主体关心时政，关注国内外发展动态，关切社会热点，遵纪守法，塑造高尚品德，深刻理解社会主义核心价值观的真正含义与内容，全身心投入家乡建设的全过程中，从自身发展和实现人生价值的角度去体悟社会责任感的真正内涵，从而提升心理认知能力，构建良好健康的心理机制，不断增强责任感。

2. 构建大学生社会责任感培育的情感认可机制

情感是大学生社会责任感培育过程中的催化剂，大学生的激情、热情、感情不仅可以起到纽带作用，而且可以对培育结果起到升华和促进的积极作用。建立情感认可机制，就是要充分重视大学生对某些客观事物或者某些社会事件所持有的稳定且深刻的社会责任态度，体察大学生在社会生活和学习中通过身心体验所产生的对责任行为的反应。培育责任情感是情感认可机制建立的关键与核心，可以以良知公义与品性德行等情感因子为支撑，将大学生的责任情感发展为责任意识，进而转化为责任行为。在凸显个性和张扬个性的时代孕育责任情感，发挥青年学生的青春活力与责任激情，必须要保持健康平稳的心态，怀抱更多的责任情感期待，并将这种情感逐渐内化为责任意识，从而提升社会责任感。因此，要持之以恒地夯实专业本领，积极培育对社会责任感的认知能力，不断净化心灵，开阔视野，丰富社会实践经验，用积极乐观的态度面对学习生活中的各种困难，从而不断提高自己的社会责任感境界。

3. 构建大学生社会责任感培育的意识认同机制

大学生对社会责任感的意识认同首先需要有坚强的意志力，意志力是保证培育效果和社会责任认知提升的基础。大学生的责任意识不坚定，心智还并不十分成熟，抵制社会中各种诱惑的意志力较薄弱，很多时候不能理性思考和解决问题，甚至会放纵自己的不良行为，其根本原因是没有对社会责任感有全面充分的认知，没有情感认可基础上的意识认同。因此提高责任意志首先要对社会责任意识产生认同，从身边的点点滴滴做起以逐步建立责任意识认同机制。要领悟和体会社会责任感的重要性，注重意志力的提升。不可否认，在培育过程中会面临各种各样的困难和障碍，对此，大学生不能选择逃避和放弃，要以坚韧勇敢的精神去克服自己所面临的困难，以责任意识行为和真情实意去感知自己肩负的社会责任，只有这样才能不断提高社会责任感的意识认同，从而积极主动地承担社会责任。

（二）动力激发：构建大学生自我需求与效能感机制

动力机制是推动大学生社会责任感发展变化的运作方式和作用机理。培育大学生的社会责任感，首先要激发大学生个体的动力，包括构建他们的自我需求机制和效能感机制两个部分。

1. 构建大学生自我需求的原始动力机制

动力激发对培育大学生的社会责任感具有重要作用。责任意识的原始动力源自大学生的自我需求。依据马斯洛的需要层次理论，大学生自我需求主要包括五个层次，分别为生理、社交、安全、爱与被爱、人生价值的自我实现。随着大学生自我意识的不断发展，大学生自我需求的层次也在不断提升，需求范围也在不断拓宽，大学生期望能够在学习和未来的工作中满足自己的各种需求，从而实现人生价值，达到自我实现的目标。因此大学生要不断提高对自身的要求，自主激发责任意识，在社会进步的过程中不断将对社会责任的认知和责任感意识及时转化为社会责任行为并付诸社会实践，从而在这个过程中自觉主动地提高自身的社会责任感，进而不断促进社会进步和发展。同时大学生必须重视自己的自我需要，直面自己的心理活动，进行自我动力激发。其他培育主体也要重视大学生的实际需要，尊重和肯定他们的需求，并通过思想政治教育、心理健康教育、情感意志教育、责任认知教育等途径，从多个方面和多个角度密切关注大学生的动力激发，从根本上激发大学生的社会责任感意识。

2. 构建大学生自我效能感的保障动力机制

自我效能感就是大学生对自己是否有能力承担社会责任所进行的预测和判断。从个体层面观之，大学生通过自我培育提升自己的社会责任感，先要对自己的能力有一个判断与预知。责任感培育的动力机制之一就是激发大学生的自我效能感，使其明确目标方向和相应的责任意识。只有在明确的目标和积极主动的责任意识驱使下，大学生才会自觉承担起相应的社会责任，并且用自己的实际行动做出相应的责任行为。

为了达成这些目标，大学生自己首先要时常进行自省，及时纠正偏离目标的行为，并且随时代变化根据实际情况及时调整责任目标，不断朝着目标迈进。

其次，培养和提高社会责任自觉性是培育大学生社会责任感的主要途径。要努力完成动力机制的完整性，培育大学生的上进心和责任心，使其主动认知到自身的需要、利益、理想以及道德素质、思想政治水平，为此设定不同阶段的目标并且有意识地去承担相应的社会责任和义务。

最后，要加强大学生自我培育能力。在大学生自我意识的积极引导下，大学生要结合自身实际情况，依据社会客观要求，自觉进行自我责任认识、自我责任行为控制、自我责任行为和结果评价、自我责任问题反思，从而有效调控自己的责任心理和行为，不断增强自己的责任行为效果。当然，自我培育还体现在家庭和学校中，通过大学生在家庭和学校中的积极主动自我培育，一些外在的社会客观责任要求才能内化为大学生自身的责任感。大学生自我培育能力的高低和培育的状况在很大程度上决定了大学生社会责任感培育的效果。大学生的自我社会责任感培育体现了社会责任感培育的终极目标就是要达到“不需要教”的境界。

（三）能力提升：构建大学生主动承担社会责任与义务机制

大学生主动承担一定的社会责任和义务是其责任能力的具体表现，也是构建大学生主动承担社会责任与义务机制的现实意义。这个机制主要是大学生在其责任意识的引导下，能够完整连贯地做出正确的责任行为，这就要求大学生不仅要有思想上的责任意识，而且要有行动上的责任行为。在社会责任感认知上，要随着时代的发展不断进行调适，让社会责任感的能力生成机制与时代相匹配，能够满足时代发展的需要，从而更好地服务自我、社会、国家和世界发展。

1. 构建大学生社会责任冲突的辨识能力机制

在这样一个纷繁复杂的社会生活中，各种社会责任不可避免地会发生一些矛盾冲突，大学生必须提高对社会责任感的辨别能力。面对各种矛盾冲突，要坚持正确合理的价值取向，抵制不良因素的干扰，紧跟时代步伐选择那些利于国家民族发展的责任行为。

2. 构建大学生社会责任感的践行能力机制

大学生社会责任感培育的关键环节就是让大学生的社会责任行为在社会实践中得到锻炼，从而形成责任感践行能力。大学生不仅要有社会责任意识，更需要一定的社会实践平台来提升责任能力。例如，大学生利用放假时间帮父母料理家务，利用课余时间在学校勤工助学，辅导同学课业等。构建社会责任感践行能力机制就是让大学生承担起对家庭的责任，帮助家庭减轻负担；认真学习专业理论知识丰富自己的知识面，提升自己在学校的学习能力；在不耽误专业学习的情况下，利用课外时间积极主动参与学校、社会的实践活动。这些在家庭、学校和社会中的实践活动，就是大学生社会责任感践行能力的具体体现。

二　家庭层面：价值导向机制建构

习近平总书记指出："不论时代发生多大变化，不论生活格局发生多大变化，我们都要重视家庭建设，注重家庭、注重家教、注重家风，紧密结合培育和弘扬社会主义核心价值观，发扬光大中华民族传统家庭美德，促进家庭和睦，促进亲人相亲相爱，促进下一代健康成长，促进老年人老有所养，使千千万万个家庭成为国家发展、民族进步、社会和谐的重要基点。"① 大学生社会责任感培育不仅要通过政策制度来规范道德标准，需要学校的责任普及教育来巩固，更需要家庭来营造健康的责任氛围，这样才能将社会责任意识更加深入地扎根在大学生的道德观体系之中。价值导向机制通过构建大学生优良品质培育机制、家庭责任感培育机制、责任型家风引导机制，引导大学生树立正确的理想目标、价值观念，从而自觉承担相应的社会责任和义务，是培育大学生社会责任感的非常重要的内容。

（一）道德示范：构建大学生优良品质培育机制

家庭培育对于大学生社会责任感提升是一个非常重要的途径。在家庭教育中要营造良好的家庭氛围，以家长的道德示范培育大学生的优良品质。父母作为子女的第一任老师，要秉持优良的家庭教育传统并结合新时代的教育要求，通过言传身教让子女知礼懂礼。父母一方面要以身作则用符合主流价值观的思想和行为教导大学生要勤俭节约、乐于助人、团结邻里、尊老爱幼；另一方面要及时与子女多沟通交流，时刻关注孩子的心理健康问题。在遇到思想观念不一致的情况时，平心静气地和孩子多交流，引导孩子理解他人，营造一个温馨平等、温暖和谐的家庭氛围，使孩子在成长过程中学会承担自己应尽的责任和义务。父母还要有

---

① 中共中央党史和文献研究院编：《习近平关于注重家庭家教家风建设论述摘编》，中央文献出版社 2021 年版，第 3 页。

意识地引导孩子参与社会实践活动，通过家长身体力行参与社会公益事业，让子女懂得参与社会活动对于自身成长的重要性。

1. 构建良好的家庭氛围和环境培育机制

家庭是人生的第一个课堂，家庭既是一个人人生开始的地方，也是一个人梦想启航的地方，家庭不只是人们身体的住处，更是人们心灵的归宿。家庭作为大学生社会责任感培育的最基本单位，应该为大学生社会责任感培育提供良好的环境。父母应该认识到为子女营造健康和谐的家庭氛围和环境是帮助大学生提升社会责任感的关键。父母应该积极维护家庭美满幸福的生活环境，在家庭中加强道德品质教育，以家庭的行为规范、家庭准则和价值取向向子女传递正能量，给予子女幸福感、安全感。只有在幸福美满和谐的家庭环境中，大学生才能感受到家庭的幸福、社会的美好、他人的友好，才能对自己的发展有信心，对社会的发展有爱心，对国家发展有贡献。有良好的家庭环境氛围和家人的关心呵护，大学生就能思想上积极向上，行为上正值果敢，遇到问题会及时与家人沟通解决，与他人交往时能真诚友善。家庭优良氛围和环境的影响，使得大学生能够在思想上认识到社会责任的重要性，进而主动增强其社会责任感。

2. 构建父母榜样示范培育机制

父母不仅是孩子的第一任老师，而且是孩子的榜样，父母的行为对孩子会产生深刻的影响，因此要充分发挥父母的榜样示范作用，以增强大学生的社会责任感。

要重视父母的形象示范作用。父母的良好形象对大学生的影响至关重要，为子女树立榜样是每一位父母应尽的责任和义务。父母要从提高自己的道德修养开始，尊重长辈、孝敬老人、诚实守信、乐于奉献、助人为乐、遵纪守法、无私自律，为子女树立一个有责任担当的榜样形象，不断地将责任意识深深印在子女的脑海，促使他们将责任感意识转换成责任行为。父母在日常生活中对孩子的言传身教对大学生社会责任感培育起着基础性作用，能够使责任感的种子从小就扎根在大学生的心中。

（二）责任担当：构建大学生家庭责任感培育机制

习近平总书记指出：“无论时代如何变化，无论经济社会如何发展，对一个社会来说，家庭的生活依托都不可替代，家庭的社会功能都不可替代，家庭的文明作用都不可替代。”① 家庭不仅是大学生的第一所学校，也是塑造其人生观价值观和优良品质的第一场所，家长是孩子的第一任老师，大学生的品德观念和为人处世方式深受家庭教育的影响。中华民族历来重视家庭的教育功能。如《礼记·大学》曾记载：“所谓治国必先齐其家者，其家不可教而能教人者，无之。”② 只有每一个家庭都承载起提高精神境界、培育文明风尚的重任，这样的家庭培养出来的大学生才能够在自觉承担家庭责任的同时为社会作出有益贡献。正如习近平总书记在第一届全国文明家庭表彰大会上所言：“中华民族传统家庭美德，铭记在中国人的心灵中，融入中国人的血脉中，是支撑中华民族生生不息、薪火相传的重要精神力量，是家庭文明建设的宝贵精神财富。”③

1. 构建家庭对大学生的社会责任感培育机制

家庭是一种以血缘关系为纽带，被一定社会条件下的法律和道德观念所承认的社会生活的组织形式。通过家庭教育培育大学生的爱国情怀和社会责任意识格外重要。家庭能够引导大学生爱党、爱国、爱人民，给大学生传递尊老爱幼、勤俭节约、自力更生的传统美德，引导大学生对自己负责，养成爱学习、爱生活、爱劳动的意识和习惯，培育大学生为小家庭谋幸福、为他人传递温暖、为社会做力所能及贡献的责任担当，实现自我的人生价值。家庭要充分发挥对大学生的教育功能，强化大学生的社会责任意识，使其能履行社会责任行为。

2. 构建家庭对大学生的德育培育机制

习近平总书记多次强调教育的根本任务是立德树人，社会主义事业需要德智体美劳全面发展的建设者和接班人，其中就突出强调了德育在众多素质教育中的主导性地位。在大学生社会责任感培育体系中德育被置于首位，而德育培养又源于家庭。要建立良好的家庭德育机制，以家

---

① 中共中央党史和文献研究院编：《习近平关于注重家庭家教家风建设论述摘编》，中央文献出版社 2021 年版，第 3 页。

② 郭庆祥：《〈大学〉人生大学问》，东方出版社 2012 年版，第 279 页。

③ 中共中央党史和文献研究院编：《习近平关于注重家庭家教家风建设论述摘编》，中央文献出版社 2021 年版，第 10 页。

庭德育环境对大学生施加无意识的影响或有意识的教育，其中就包括家庭道德教育、家庭思想教育、家庭人生观教育、家庭世界观教育等诸多内容。大学生只有具有了优良的品德，才会对社会有更多的责任感。但是在现实生活中，很多家庭都陷入了重智育轻德育的误区，将分数和成绩，甚至获取经济利益的能力作为评价子女成功的标准，却忽略了对子女的德育、责任感培育。这样一种向智育看齐的应试教育理念，歪曲了家庭教育的真正意义，教育出来的子女就可能是“精致的利己主义者”。因此，要及时转变理念，重视德育、责任感教育，使大学生将自身发展与社会发展融为一体。

（三）家风建设：构建责任型家风引导机制

习近平总书记指出：“家庭不只是人们身体的住处，更是人们心灵的归宿。家风好，就能家道兴盛、和顺美满；家风差，难免殃及子孙、贻害社会”[①]。家风不仅代表着一个家庭的精神内核，而且是家庭文化与家庭精神面貌的深刻表达。家庭对责任感培育的关键性因素就是源远流长、薪火相传的家风，包括家规、家训、家法、家教等。

1. 构建家风对大学生社会责任感的引导机制

作为一个家族世代相传的风俗习惯，家风是在家庭主要成员的影响下逐渐形成，需要家庭成员共同遵守的、习以为常的共同生活方式，需要每一个家庭成员去代代传承和潜移默化地内化为自己的内在精神。我国自古就重视家风对家族成员的重要影响，例如，颜之推曾言：“笃学修行，不坠门风”；唐代诗人卢纶云：“嵇康书论多归兴，谢氏家风有学名”；等等。家风的正与不正直接影响到大学生社会责任感的培育状况和家族的兴旺发展程度甚至社会的良好风气。正如习近平总书记所言：“家庭是社会的基本细胞，千千万万个家庭的家风好，子女教育得好，社会风气好才有基础。”[②]

---

① 中共中央党史和文献研究院编：《习近平关于注重家庭家教家风建设论述摘编》，中央文献出版社 2021 年版，第 24 页。

② 中共中央党史和文献研究院编：《习近平关于注重家庭家教家风建设论述摘编》，中央文献出版社 2021 年版，第 23 页。

2. 构建家庭成员共同遵守的家规培育机制

一个家庭中家庭成员共同遵守的家规、家训、家法等能让一个家庭保持良好的精神状态，可以塑造积极向上的家庭形象。建立家规培育机制，可以通过家庭成员共同遵守的家庭行为规范形成一种教化资源，对家庭成员的行为习惯等产生很大影响，从而帮助大学生增强责任意识。

三 学校层面：主阵地培育机制建构

作为大学生成长成才的重要培育场所，高校必须承担其培育大学生社会责任感的使命，不仅要以德育和智育为主要内容，而且要以培育大学生的社会责任感为重要环节。

（一）课程建设：构建思想政治理论课培育机制

2019 年 3 月，在学校思想政治理论课教师座谈会上，习近平总书记指出："我们办中国特色社会主义教育，就是要理直气壮开好思政课"，"用新时代中国特色社会主义思想铸魂育人"。① 高校思想政治理论课在提高大学生社会责任认知和社会责任行为能力方面发挥着重要作用，其育人功能的重要体现就是高质量培育大学生的社会责任感，向大学生传递责任观念、灌输责任思想，规范其责任行为。

在培育内容上，首先，要学习马克思主义理论。通过大学生对"马克思主义基本原理"的学习，使其能够用马克思主义的立场、观点、方法分析问题，能够从实践的层面理解社会责任的重要性，以及理解社会责任的内涵外延、为什么要履行社会责任、怎样履行社会责任等问题。其次，学习"毛泽东思想、邓小平理论和三个代表重要思想概论"和"中国近现代史纲要"。通过学习丰富其历史文化知识，提高大学生的思想境界，让这些课程为大学生提供思想资源，让大学生充分领悟中国共

① 习近平：《思政课是落实立德树人根本任务的关键课程》，人民出版社 2020 年版，第 23、6 页。

产党正是以极高的责任感和使命感成功带领中国人民推翻三座大山，建立新中国，建设社会主义，向民族复兴的伟大梦想奋进。让大学生通过学习中国近代史这部用高度责任感书写的厚重史书，进一步认识到社会责任感对其自身发展和国家民族发展的重要性。最后，要学习“思想道德修养与法律基础”。通过这门课程让大学生认识到遵守社会公德、家庭美德、职业道德及承担法律责任是他们社会责任的底线。作为后续思政课的基础，它从现实着手教育大学生妥善处理人际关系，并且强调要将个人发展与国家利益紧密结合，肩负起自己的社会责任。

在培育方法上，首先，教师要积极学习先进的教学方法和理念并磨炼教学艺术，充分利用混合式教学模式，将思想政治课程与现代技术相结合，不断地创新教学方法，采用情景模拟、案例教学、主客体互换、讨论教学等多种方法，从而有效激发学生的学习兴趣和学习欲望。

其次，要增强教学过程中的互动性。在调研中发现，由于部分思政课教师在授课过程中缺乏与学生的互动，一般采用的是灌输式的传统授课方式，学生感觉课堂沉闷乏味，学习热情不高。针对这种现状，思政课教师要增加课堂互动性，遵循大学生社会责任感培育的内在规律和现实要求，选取有说服力的案例，与大学生互动探讨，及时回答学生感兴趣的问题，让大学生懂得做人做事的责任内涵，做到“因事而化、因时而进、因势而新”①。

最后，提升教师素质能力。建设一支具备高度责任感和教学能力素养的教师队伍，教师必须以身作则坚持学习，提升理论知识水平，恪守师德，发挥榜样作用，以自身的责任行为引导大学生的责任意识，进而将责任转化为责任行为。

（二）榜样引领：构建典范形象感染力培育机制

榜样示范和引领是大学生社会责任感培育的有效方法。调研中发现，当前有一部分大学生甚至没听说过雷锋和焦裕禄等家喻户晓的榜样人物。

① 佘双好：《以当代中国马克思主义为指导办好中国特色社会主义大学——学习习近平总书记在全国高校思想政治工作会议上的讲话》，《求索》2017 年第 10 期。

这一问题需引起教育者重视，对一些英雄人物的事迹闻所未闻，榜样示范与激励作用在大学生的生活中有弱化的倾向。及时挖掘、宣传典型榜样人物、先进事例，以强化责任感培育。

首先，发挥大学生守责标兵的示范作用。一些原本普通的大学生因在社会责任感方面做出了表率，受到肯定和赞美，成为大学生的履责榜样和守责标兵，大学生普遍更愿意接受这样的榜样，这些榜样对大学生有更强的说服力和感染力。另外，学生群体中的先进分子如学生干部或青年中共党员也可以起到榜样示范作用。

其次，要发挥英雄模范的示范作用。让大学生了解英雄模范人物的伟大，用他们的先进事迹和履责行为来引导大学生树立责任意识，践行社会责任。

最后，要发挥教师的示范作用。师者，传道授业解惑者。教师被誉为人类灵魂的工程师，承担着为党育人的神圣使命。习近平总书记强调："高校教师要坚持教育者先受教育，努力成为先进思想文化的传播者、党执政的坚定支持者，更好担起学生健康成长指导者和引路人的责任。"① 作为传道者，自己首先要明道、信道。因此，习近平总书记多次提到要加强师德师风建设，并提出了坚持教书和育人相统一，坚持言传和身教相统一，坚持潜心问道和关注社会相统一，坚持学术自由和学术规范相统一的要求，以此让广大教师做到以德立身、以德立学、以德施教。由此可见，教师的榜样示范作用尤为重要。

其一，要发挥思想政治理论课教师的示范作用。高校思想政治理论课程教师作为培育大学生思想品德的专业群体，是大学生思想情操塑造的心灵导师，在大学生价值观形成过程中是重要的引路人，也是高校培育大学生社会责任感的核心力量。因此，高校思想政治理论课教师必须是具备高度社会责任感的坚定的马克思主义理论和中国特色社会主义理论的传播者，必须是大学生心目中博学的知识分子和履责守责的主要榜样。

其二，要发挥专业课教师榜样示范的作用。专业课老师需要以高度

---

① 《习近平谈治国理政》第 2 卷，外文出版社 2017 年版，第 379 页。

的社会责任感为学生做出榜样，以高尚的人格魅力去感染学生，以高度的责任感对待学生，培养学生严谨认真负责的学术态度。高校教师能否以高度的责任感投入教学和科研工作会直接影响大学生的学习态度和今后的工作态度，这就是教师榜样的示范作用。我国很多大有成就的学者、作家，像袁隆平、屠呦呦、莫言、刘慈欣等，都曾经在求学时期对某一老师的授课印象深刻，成为影响他们一生的榜样力量。

其三，要建立发挥榜样示范作用的平台。为当代优秀教师提供适当的平台，给予他们展示自己社会责任行为的机会，让更多的优秀教师在各种大学社团或社交平台现身说法，讲述自己的亲身经历，谈谈自己守责履责的心路历程，并通过校园微信公众号、校园社交网络、校园微博、抖音、贴吧、QQ 空间等，传播这些优秀责任榜样，以增强榜样示范引领作用，不断提升大学生的社会责任感。

（三）场域熏陶：构建校园文化影响力培育机制

高校不仅是培育大学生社会责任感的主要场所，而且是文化创新的载体，大学生是中华优秀传统文化的传承者和中国特色社会主义文化自信的践行者，因此，高校更应该重视大学生的责任感培育，将文化建设作为培育大学生社会责任感的重要抓手。

1. 构建校园文化培育机制

高校要将文化作为立校根基，让大学生成为校园文化的引领者和承载者，发挥先进文化教化、塑造、影响、熏陶大学生社会责任意识与行为的作用。

首先，要发挥校园文化引领作用。校园文化是一所大学在长期发展过程中逐渐形成的独特气质，是高校实现责任感培育功能的精神力量。健康向上的校园文化潜移默化地影响大学生，促使其在思想和行为上产生文化上和精神上的认同，进而塑造大学生深层次的社会责任感意识。

其次，要加强校园文化的传输功能，以校风、校歌、校规、校训、校纪及校园活动等多种表现形式向大学生传递社会责任观念。调查中发现，云南一些高校的校园文化活动在大学生社会责任感培育方面，只注重形式而不重视文化内涵，没能充分发挥培育大学生社会责任感的作用。

校园文化更应该担负以文化教育大学生、感化大学生的功能，通过各种文化活动让大学生在校园文化的熏陶感染中增强社会责任感。

2. 构建新媒体培育机制

随着高校校园文化与社会文化的融合发展，高校文化越来越受到社会文化的影响。互联网作为大学获取知识信息的重要载体已经成为文化传播的重要渠道。一方面，各种新媒体即时、开放、共享的特点在很大程度上冲破了学校与社会之间的藩篱，使大学生能够更便捷快速地接触社会、了解社会。另一方面，新自由主义、无政府主义、利己主义、功利主义和拜金主义等错误思潮也随之侵入大学校园，对大学生的思想价值观念产生了诸多负面影响，使得大学生社会责任感培育工作遭受极大挑战。因此，要加快构建新媒体培育机制，以化解大学生社会责任感培育工作之难。

首先，要全面准确把握新媒体的内涵与特征，依托和利用新媒体为大学生社会责任感培育提供与时俱进的载体，加强各类校园媒体的支持，引导并利用新媒体发挥校园场域的文化感染作用。

其次，要借助新媒体手段创新文化活动提供网络培育平台。例如，以大学生喜爱的网络直播方式进行案例分析、结构化研讨、线上交流会，传播校园文化、培养大学生社会责任感、提供不受时间和空间限制的交流平台。又如，借助新媒体平台进行优秀传统文化的宣传，深化大学生对优秀传统文化的了解，增强其对国家对民族的认同感，使责任感培育取得实效。

最后，要在校园文化建设中打造一支包括高校教师、在校大学生在内的政治素质过硬并有高度责任感的新媒体人才队伍。鼓励擅长运用新媒体的教师和大学生制作、撰写创意视频或文案，通过新媒体途径发挥校园场域的文化感染作用。

3. 构建课堂文化传播机制

调研中发现，一些大学生对中国传统文化没有深刻理解，出现了对西方文化不加批判盲目追随的现象。这是当代大学生缺乏本土文化自信的表现。高校专业课程教育是构建文化认同的一种教育活动，教育内容中包含丰富的中国文化与世界文化因子，可以在各种文化的比较中，引导大学生认识到本民族、本国文化的价值与魅力。专业课教师，有义务在课堂上对学生的文化观进行正确的引导。青年正处于价值观的形成期，文化取向还不是很清晰，此时教师的合理引导就格外重要。一方面，要在教学过程中培养学生的批判性思维，使他们能正确、客观地对待母语文化和异质文化，做到既不一味拒绝，也不盲目追随。另一方面，课堂教学内容中要加强对本国文化的阐释，与时俱进地讲好中国故事和中国优秀传统文化。

四　社会层面：实践教育机制建构

对大学生进行社会角色教育是帮助他们全面认识并积极履行社会责任的关键环节。要对大学生进行社会责任感培育，除了理论知识的学习之外，更重要的是在社会实践锻炼中形成对社会角色的认同。大学生只有对其社会角色产生归属感，才能将这些的客观社会责任自觉内化为责任意识，从而外化为责任行为，进而不断提高自身的社会责任感。

（一）角色认知：构建大学生社会责任能力锤炼机制

大学生只有能够清晰正确地认识自身的社会角色才能产生自觉的社会责任行为。对大学生进行社会角色教育需要家庭与学校共同发力，通过社会实践让大学生领悟其所扮演的社会角色，从而在角色感悟过程中将社会责任内化为责任意识，进而有意识地提高社会责任感。

1. 树立社会角色尊重意识

要让大学生在具体的社会实践中树立一种角色尊重意识，让大学生在完成其社会角色所应该完成的任务时，能够及时得到鼓励、赞许、肯定等回馈，让大学生获得社会角色带来的荣誉感。例如，当大学生遇到急需帮助的人时，能够及时伸出援手进行救助，继而得到人们的赞扬。

同时，也要营造尊重大学生社会角色的浓厚氛围。目前，很多的网红案例正在启迪着大学生在社会生活中勇于担责、助人为乐就会受到人们的尊重。比如，被称为“中国最美货车司机”的郭再胜，这个 18 岁就参军入伍的河南退伍军人，他曾承担了5天行驶一万多公里的运输紧急设备任务，分别将紧急医用设备送至河南省的138家医院。2021年，当重大汛情发生时，他再次踊跃报名为受灾群众送去急需物资。此外还有寒风中坚守岗位的最美边疆士兵；有大雨中为老人撑伞的最美背影；跳水救人的最美大学生。身边发生的一个个鲜活事例印证了平凡的人在平凡的岗位中一样能成就不平凡的一生，为培育大学生社会责任感树立了典型。

2. 提升履行角色责任的能力

大学生的角色认知与在社会实践中的责任行为是相互统一的。但是，在具体的社会实践中，即使大学生具备角色认知，也不一定就具备了履行角色责任的行为能力，如大学生基本都知道自己在学校的本职就是要学习，但由于大学生履行角色责任的能力不同，他们的学习成绩就存在很大差距。责任行为能力是在一定的社会实践过程中不断形成和发展的，必须通过社会实践来强化大学生履行社会角色责任的能力。

要使大学生不断进行角色实践。让大学生真实体验社会角色，并在实践中得到积极反馈，建立积极的反馈模式，使大学生通过实践强化角色认知，从而在角色认知的基础上进一步实践角色行为。如在家庭生活中孝顺父母后会得到长辈的赞扬；在校园生活中，乐于助人会得到周围同学的认可，努力学习会得到学校认可等。这些正面激励让大学生获得了角色荣誉感并将其升华为社会责任感。

（二）多方联动：构建大学生社会责任感协同培育机制

大学生社会责任感培育会受到多种因素的影响，责任感的形成和发展过程复杂，这就决定了责任感培育必须构建多途径协同培育机制。要充分发挥大学生个人、家庭、学校、社会等多方面培育主体的作用，各培育主体通力协作，形成协同育人的合力，以提升培育工作的效率。

1. 各教育主体、各渠道协同发力

大学生的各种社会责任感之间存在相互促进的紧密关系，包括大学生对自身、对家庭、对社会、对国家等的责任感。如大学生对自身负责的具体体现是具备高度责任感为服务国家作准备。各培育主体之间要加强联系和沟通，促使大学生自身培育与家庭教育、学校教育、社会教育之间形成相辅相成、全方位培育格局。

首先，家校双方积极配合建立家校互动渠道。学校就大学生的在校表现向家长反馈情况并提供指导，家长利用大学生假期在家的时间在具体家庭事务中落实学校的指导意见，并及时向学校反馈学生在家庭中的行为表现和思想动态，在这种双向互动中加强学校与家庭之间的沟通联系。比如某学生在宿舍生活中自理能力较差，平时也不注重个人卫生，还时常在宿舍打游戏影响其他同学，辅导员就可以将该同学的个人卫生、作息情况以图片或视频的形式发给家长，让家长更真实地了解孩子的在校情况，并沟通商量相应的解决办法。家长知悉情况后，应积极采取措施锻炼大学生的自理能力，在寒暑假生活中让大学生适当承担家务，使其对自己负责，对家庭负责，进而在学校做到对同学负责。

其次，要畅通校内与校外之间的沟通协调渠道。要鼓励大学生走出校园，积极参与社会实践，使责任感培育走出课堂，延伸到丰富的社会实践当中去。当前大学生参与的社会实践活动一般分为参观类活动和亲身体验类活动，参观类活动包括参观博物馆、警示教育基地，红色教育基地、纪念馆等，但是这些活动在培育大学生社会责任感方面效果一般。亲身体验类活动包括“小黄车城市猎人”活动、“街道行”活动、“烟头终结者”活动、“交通指挥员”活动、“大学生进农田”活动、“网络社会实践”活动等，通过让大学生参与社会治理活动加强参与感和代入感，在服务社会、服务他人的过程中提高社会责任感。

2. 运用新媒体提供协同培育平台

各种新媒体和融媒体的快速发展，为构建大学生社会责任感协同育人机制提供了便利的平台，更加有利于各培育主体间进行信息沟通与协调。

可以建立大学生社会责任感培育的专门客户端（App），以满足各培育主体相互协同的需要。通过高校教师、家长、社会机构、政府部门的共同合作，借助互联网开发多种形式的大学生社会责任感培育 App，如“青年大学生联盟”“家长在线”“地方人事人才”等，发挥各渠道互补优势，合理配置培育人员，针对目标群体制定具体培育目标以加强各渠道间的交流合作。

也可以通过线上的大学生社会责任感培育工作交流会、专题教育研讨会、理论实践展示会，培育成果汇报会等进行经验分享和交流，让大学生分享自己在学习和生活中履行社会责任的经历和遇到的实际问题，加强大学生的参与感，以提升责任感培育的实际效果。

（三）环境重塑：构建大学生参与社会活动长效机制

社会制度的完善与否以及社会整体的环境氛围都对大学生社会责任感培育有重要影响。全社会必须营造一个健康、有序、安全的育人环境，以保障大学生社会责任感培育顺利进行。

1. 构建社会责任监督与评价机制

要积极引导大学生履行社会责任，就必须健全社会责任的监督与评价机制，鼓励大学生主动爱护他人、关心集体、拥护中国共产党的领导、坚定社会主义理想信念、贡献社会。首先，可以建立大学生履行社会责任的信息档案库。将大学生个人履责情况与个人信用征信系统联系起来，限制和约束大学生的某些不履责行为从而增强其社会责任意识。其次，完善网络监管，优化网络环境。通过对大学生社会责任行为履行情况的监管，规范大学生网络行为，严厉打击传播不良信息的行为。最后，要健全大学生社会责任行为的评价机制。通过对大学生社会责任履行情况的客观科学评价建立完善的奖惩制度，对积极履行社会责任的大学生给予褒奖，对逃避履行社会责任的大学生则予以规训或惩罚。

2. 形成良好的履责氛围

大学生社会责任感的养成需要良好的社会氛围来熏陶。为营造良好的履责氛围，首先，应充分发挥社会舆论的正面引导作用。各类媒体要积极承担起宣传社会责任感的义务，传播正能量，抵御利己主义等错误思潮给大学生社会责任感培育造成的不良影响。引导大学生形成正确的“五观”，激发大学生责任行为。同时，要坚持实事求是原则，真实、客观地传播典型事迹，以避免因过分宣传而引起大学生的逆反心理。

其次，要发挥社会文化工作者的导向作用。社会文化工作者要多创作积极向上、宣扬履责先进事迹的文化作品，以营造积极健康的社会文化氛围。比如，定期在新媒体上推送一些关于社会责任感的文章，或创作符合主流价值观的影视作品，宣传典型事迹，创办宣传社会责任感的期刊，举办与社会责任感相关的文艺汇演，开发一些与大学生社会责任感相关的游戏等。

3. 构建大学生服务社会激励机制

建立大学生服务社会的激励机制，通过奖励与惩罚并举的方式，依据大学生的心理活动规律和行为特点对他们的行为施加影响，能够进一步激发大学生的社会责任感，从而使他们更好地服务社会。在了解大学生的需求和动机的基础上引导大学生做出服务社会的责任行为。在帮助大学生实现生存、发展、自我实现等个人需要的过程中，将大学生的价值观引向学校育人目标和社会主流价值观，肯定和褒奖大学生对社会作贡献的责任行为，给予他们正向的积极的情感体验，从而增强大学生服务社会的责任意识。同时，对大学生不履行社会责任的行为进行适当的批评和惩罚，抑制大学生的失责行为。

结　论

未来是属于青年的。“新时代的中国青年要以实现中华民族伟大复兴为己任，增强做中国人的志气、骨气、底气，不负时代，不负韶华，不负党和人民的殷切期望！”① 习近平总书记在庆祝中国共产党成立100周年大会上的讲话深刻指明了新时代的青年应该在社会发展和国家发展中承担的责任。大学生的社会属性决定了他们在社会生活中必然要与社会中的各种群体发生关系，这就要求大学生必须具有强烈的社会责任感，承担起自己在社会中的职责和义务。

对大学生进行社会责任感培育是现代高等教育的重要内容。教育必然需要社会、高校、家庭和个人的全面参与，大学生社会责任感的培育亦离不开各培育主体的协同发力。社会需求和教育部门为新时代大学生社会责任感培育工作指明了方向、确定了目标。高校是大学生社会责任感培育的重要主体，负责通过思想政治课、社会实践活动和社团活动等来具体实施对大学生社会责任感的培育。家庭负责以优良家风对孩子产生潜移默化的影响，培育孩子尊老爱幼、遵纪守法、分担家庭负担等责任。大学生是社会责任感自我教育的主体，需要充分发挥主观能动性，主动认识自己的社会角色和相应的责任。

大学生是国家未来发展的生力军，培育他们对自己、对家庭、对社会的责任感不仅关乎他们自身的品格塑造和成长发展，还与推进新时代

① 习近平：《在庆祝中国共产党成立100周年大会上的讲话》，人民出版社2021年版，第21页。

中国特色社会主义伟大事业紧密关联。本研究采用调查问卷和师生访谈等研究方法，选取新时代云南高校大学生为调查样本，在对大学生社会责任感水平现状进行调查的基础上，分析了部分大学生社会责任感缺失的原因。在收集和整理数据的基础上，参考国内外大学生社会责任感培育方面的研究，借鉴国内外的教育学理论、心理学理论和社会学理论的相关观点，结合云南高校大学生社会责任感培育工作的实际现状，提出了个体—家庭—高校—社会“四位一体”的大学生社会责任感培育机制。期望借助这些机制之间的串联，树立起大学生对于社会责任感培育重要性的重视和自觉意识。

“四位一体”的大学生社会责任感培育机制的主要目标有以下三方面：第一，强化全社会重视大学生社会责任感培育的思想观念。第二，用理想信念教育引领大学生对于社会责任感的认知和践行。第三，在大学生社会责任感培育过程中，不断丰富培育内容，创新培育方式。

下　篇

大学生社会责任感案例探究

随着中国特色社会主义进入新时代，云南省也开启了建设发展的新征程。贯彻落实新发展理念，构建新发展格局，实现云南本土社会经济文化发展新突破，不仅需要全省上下共同奋斗，更需要大学生的全程参与。高度的社会责任感作为大学生的必备素质，关乎大学生能否肩负起时代所赋予的重任，关乎国家的前途与命运。因此，培育大学生社会责任感是新时代一项重要的研究课题。

探讨高校大学生社会责任感的培育机制是新时代高校落实立德树人任务的重要组成部分。培育云南高校大学生社会责任感既是云南省现代治理的当务之急，也是云南作为边疆民族地区长久发展的百年大计。它不仅影响云南高校大学生个体的成长与全面发展，而且与建设美丽彩云之南，实现兴边富民的政策紧密关联。本研究采用调查问卷和师生访谈等研究形式，在对云南高校大学生社会责任感现状进行调查的基础上，参照国内外的教育理论、心理学理论和社会学理论，结合云南高校大学生责任感培育工作实际状况，提出了个体—家庭—高校—社会“四位一体”的责任感培育机制，以强化云南高校大学生对于社会责任感培育重要性的理解和认识。

然而，由于价值观多元化与意识形态多样化的冲击，以及其他社会经济文化因素的影响，大学生的社会责任感淡薄的情况普遍存在。尤其是身处边疆多民族聚集地区的云南高校大学生群体社会责任感淡薄问题更加复杂。地处祖国西南边陲的云南高校的大学生，在面对高度开放的互联网环境和深度融合的社会经济文化时，在思想认知、交往方式、行为习惯等方面并不能很好地展现高度的社会责任感。构建个体—家庭—高校—社会“四位一体”的大学生社会责任感培育机制，能够有效化解云南高校部分大学生社会责任感淡薄的危机。

在研究过程中，为深入了解云南高校大学生爱己、爱家、爱校和爱国的责任感的真实状况，笔者大量接触和访谈了云南省各高校的在校学生。在访谈中，围绕当代大学生社会责任感的主要内容、主要规律、重要原则、培育路径和实践机制等问题，鼓励受访者分享自己或周围人的经历与故事，借助一个个真实案例来讲述他们对于大学生社会责任感这一宏大话题的所感所思，进而激发大学生们对社会责任感的高度重视，提升大学生承担社会责任的自觉意识。同学们积极响应了本次访谈，提供了大量生动而引人深思的案例，以下为部分案例的节选，以真实展示云南高校大学生对社会责任感的所感所想。

案例一

生当如鹏起，终当似鲸落

大鹏展翅，翱翔千里，那是怀揣着梦想、载着满腔热血飞向远方的豪情壮志，它背负着希望，翻山越岭，历经磨砺而涅槃，扶摇直上九万里；一鲸落万物生，那是一种伟大的奉献精神，鲸鱼生于大海，死于大海，死后还在海洋里为万物的生长提供资源，鲸鱼死亡前，会悄悄寻找一片安静的海域，孤独地迎接最后的死亡时刻，死亡后，它巨大的身体慢慢沉入漆黑的海底，在这个过程中就形成了一个独特的生态系统，鲸落的尸体可以成为以分解者为主的海洋生物，等到这些海洋生物吞噬完鲸鱼身上所有的营养的时候，它们会去寻找新的食物，而此时的鲸鱼只剩下一片支离破碎的残骸，这些残骸最终会在时间的沉淀下，化作礁岩。

我想当代大学生，应该是“生当如鹏起，终当似鲸落”的精神的执行者。我们生逢其时也重任在肩，青少年是祖国的花朵，未来的希望，每个大学生都应该有社会责任感。我想分享的案例是我们学校一个学长的故事。当我作为新生刚进入大学的时候，刚接触自己的专业，不知道未来的方向。可是当我在学院开学典礼上听了一位研究生学长为我们做的关于大学生社会责任感的讲座，听了他的个人经历后，我才真正意识到大学生应该具有强烈的社会责任感。

李金，男，汉族，中共党员，云南大理人。2014 年 9 月考入云南师范大学，就读于能源与环境科学学院，新能源科学与工程专业，2017 年 9 月被选为云南师范大学第四届研究生支教团成员并担任队长，于 2018 年 8 月到 2019 年 7 月赴云南省昭通市鲁甸县支教一年，服务期满后，继续回校攻读农业工程硕士学位。李金学长在本科期间，曾任云南师范大学呈贡校区学生会主席、云南师范大学第二十六届学生委员会主席、学校“党的十九大精神”学生宣讲团副团长、校团委学生副书记等学生干部职务。先后荣获云南省“优秀学生干部”“优秀共青团员”“优秀志愿者”，校级“优秀学生干部”“优秀共青团员”“优秀共青团干部”“先进个人”“优秀志愿者”和院级“优秀学生干部”“优秀共产党员”“品德素质奖”等荣誉称号，被评为2018年校级“优秀毕业生”。他的支教心语是：用心、团结、责任、爱支教！

因为我当时是新生，对学长也没有那么了解，只知道他很厉害，所以在网上搜索了一些李金学长的事迹。李金学长的家乡是一个四面环山、交通闭塞的小镇，经济较落后。很多和他年龄相仿的孩子因为家庭经济上的困难和父母思想上的陈旧，大多念完初中就放弃了学业，外出打工补贴家用。能够进入大学学习一直是他的一个梦想，为了不让父母失望，他暗下决心，一定要刻苦学习，以百分之一百的努力，争取考上一所好大学，改变自己的命运。星光不负赶路人，2014年，他顺利考入了云南师范大学，终圆大学梦。拿到通知书的他立志要过一个不一样的大学生活，努力学习，报答国家，为乡村振兴作贡献。进入大学以后，李金学长十分珍惜自己来之不易的读书学习机会，始终把学习放在第一位，夯实专业基础，积极参与科研，从实验中探求真知，丝毫不敢懈怠。

李金学长认为，农业工程是一门多学科交叉的综合性学科，涉及多个领域的知识，因此需要加强多维度的学习研究，不断拓宽自己的知识面。2020年10月至2021年4月，在导师李明教授的指导和支持下，他和同学先后三次到香格里拉开展低温热泵藏药材干燥实验，他们希望能用自己所学帮助当地的藏民进行药材的干燥处理。当李金学长他们到了那里，才发现第一个难题竟是高原反应，他说：“刚到香格里拉，我们会头疼，使不上力气，需要吸氧，适应了一段时间才缓过来。”他发现，当地藏民主要通过自然晾晒干燥药材，耗费时间很长，有时一批药材要晒三个月左右，而且整个过程受天气等因素的影响很大，得到的药材品质较差。于是，研究团队成员根据实际情况，制造出一款适用于高寒大温差工况下的太阳能热泵联合藏药材烘干机，借助空气能和太阳能把药材放在干燥箱里进行干燥，只用 4 天左右就可以干燥出药材进行打包，比起自然晾晒能大大提高当地农民的生产效率。研发期间也遇到了不少困难，香格里拉昼夜温差很大，白天十多度，到了晚上就降到零下四五度。他们的机器在常温下是完全没有问题的，但昼夜温差大、温度太低就会影响机器的性能。为了解决问题，他们不断调试数据。他说："我们住在闲置的干燥房间里，打着地铺。从开机器的那天起，大家就轮流值守，每隔 1 个小时测 1 次数据，虽然很辛苦，但是没有一个人说放弃。看到当地藏民们拿着用我们的烘干机干燥出的药材，脸上露出的笑容时，我们内心也非常开心。"李金学长相信，努力学好专业知识，在乡村振兴发展中就一定能有所作为，他说："毕业后若需要，我将积极投入到农村，运用好自己所学的知识助力家乡发展，为乡村振兴事业添砖加瓦，贡献青春力量。"

李金学长同样热心公益、乐于奉献，大学四年，学校里只要有需要志愿者的活动，他都会踊跃报名参加，曾多次被评为"优秀志愿者"。2018 年本科毕业后，他毅然加入云南师范大学第四届研究生支教团，到云南省昭通市鲁甸县"8・03"地震震中的龙头山镇龙泉中学开展了为期一年的支教志愿服务。后来，团队被授予昭通市脱贫攻坚"乌蒙青年组织先锋"荣誉称号。支教期间，李金学长有很多难忘的经历。在一次家访的过程中，李金学长了解到，有一对姐弟是孤儿，和七十多岁的奶奶一起生活，为了省 20 块钱的车费，姐弟俩每周都要步行 3 个多小时的山路回家。李金学长说，当时我们告诉奶奶姐弟俩在学校里表现很好，本以为奶奶会很开心，但从她的脸上看到的却是愁容，奶奶叹着气说："成绩好也没有办法，我老了没有钱供他们上学了。"作为支教老师，李金学长感到满满的心疼和个人力量的渺小，不禁开始思考"我们来这里能做什么？能够带给他们一些什么？哪怕进行资助，我们又能帮他们解决多长时间的困难？"等问题。

作为第四届研究生支教团团长，李金学长带领队友们发起爱心募捐，为孩子们筹集过冬物资、爱心善款、图书、实验设备等学习用具；发起了"云梦计划"家访活动，深入了解孩子们的情况，帮助孩子树立学习目标和志向，做家长的思想工作，并通过建立贫困生档案，联系社会各界好心人，为家庭经济困难的孩子进行一对一的资助和帮扶。他们还协助龙泉中学组织开展艺术节、体育节、励志讲座等丰富多彩的德育活动，让孩子们走出地震带来的阴影和内心深处的伤痛，为孩子们进行心灵的重建。

李金学长回忆说：“至今我都还记得，在我们快要结束支教离开时，那姐弟俩拎着沉甸甸一大包东西敲开了我宿舍门的场景。看着这一大包已经剥去了壳的核桃，我的眼眶湿润了，可以想到这是祖孙三人剥了几个晚上才剥完的啊，这里面饱含了他们多么质朴的感激之情。当听闻姐姐顺利考上了鲁甸县一中，弟弟在云南省校园拳击锦标赛中获得了银牌的好消息时，我由衷为他们感到骄傲和高兴。现在我虽然离开了龙泉中学，但那里依然是我最怀念和挂念的地方，在我 24 岁美好的青春里能够来到这个地方，为这里的孩子做这么一点点的事，而这么一点点的事，却让我终生难忘。”支教一年，受教一生，支教的意义不仅是锻炼自己、沉淀自我，更在于改善当地师资力量、缩小城乡教育资源差距，用教育阻断贫困的代际传递。

矢志不渝，坚守初心使命。

2016 年 5 月 26 日，李金学长光荣地加入了中国共产党，他理想信念坚定，作风品行端正，严于律己，自立自强，发挥先锋模范作用，生动诠释了青年党员的责任与担当。李金学长注重学习党、团的理论知识，本科期间积极加入“党的十九大精神”学生宣讲团并担任副团长。在研一期间，还积极参加到学校西南联大爱国主义精神宣讲团和 2020 年团省委青年讲师团中。通过自己先学，再向身边同学宣讲的方式，用马克思主义理论武装自己的头脑，指导实践，以同龄人讲给同龄人的方式去影响和带动身边的人，传递正能量。

在日常的学习工作中，李金学长有较强的集体责任感，作风正派，注重团结身边同学，与同学关系融洽。他曾担任云南师范大学第二十六届学生委员会主席、校团委学生副书记等学生干部职务，组织策划了丰富多彩的文体活动，开展了多种多样的维权宣传，为同学们搭建展现自己的舞台，同时也将同学们的诉求反馈到学校，为学校的建设贡献力量。

奋斗是青春最靓丽的底色，青春由磨砺而出彩，人生因奋斗而升华。

李金学长坚定地说："我所追的梦虽然很简单很渺小，但是我很庆幸我不甘平庸，没有停下努力往前奔跑的脚步，一步一步地朝着自己目标的方向努力着。将来无论是在边远乡村默默耕耘在三尺讲台，抑或是用自身所学的科技知识助力乡村振兴，我都不会停下追梦的脚步，努力在自己的岗位上为国家和社会贡献自己的青春力量。"

李金学长感慨道："我们党走过100年的光辉历程，经历了许多挫折和困难。能够生长在这么伟大的祖国，我感到无比的骄傲自豪。作为新时代的大学生，我们应该时刻铭记习近平总书记的殷殷嘱托，学好专业知识，不断开拓进取，努力成为有历史感和责任感、志存高远的时代新人，成为有信念、有奋斗、有梦想、有奉献的合格党员。"

学长的事例深深鼓动着我，好像给我一个方向，虽然我知道自己不会像学长那么出色，但是至少我会向着他的这个方向努力，真的很感谢学院的那次开学典礼，在无数个迷茫的夜晚给了我无限动力。

（本案例由陈舒童同学提供）

案例二

以青春之名　行担当之事

2014 年 5 月 4 日，习近平总书记在北京大学师生座谈会上指出，“大学生要关心国家、关心人民、关心世界，学会担当社会责任”。社会责任感是大学生在处理个人与家庭、社会、国家的关系时，对所承担的社会角色赋予的责任和义务的认知、体认和自觉践行的倾向，是社会责任认知、社会责任认同和社会责任践行的统一。社会责任感不仅是个人发展的源泉，也是社会前进的动力，培育和提升青年学生的社会责任感可以从服务学校、服务家乡、服务社会三个方面入手，本文就这三个方面结合自身经历进行分析。

一　建设校园，彰显青春活力

大学是青年大学生培养社会责任感的第一所“学校”。大学校园是青年在大学阶段学习和生活时间最长的地方，大学阶段是青年价值观变化最迅速也是价值观形成和确立的关键时期。青年大学生能够在建设校园中彰显青春的活力，体悟青春的价值。

作为一名思想政治教育专业的学生，我于 2019 年加入了以“做时代新人，为时代发声”为宗旨的社团——“党的十九大精神”学生宣讲团。在此期间，围绕马克思主义中国化的最新理论成果——习近平新时代中国特色社会主义思想以及时政热点，我参与了二十余次小组学习、集体学习和结构化研讨，每一次都认真做好学习笔记，写学习感悟。日复一日的坚持让我愈加坚定中国特色社会主义道路自信、理论自信、制度自信和文化自信。理论不仅能武装人，更能鼓舞人。在学习理论的过程中，我感受到了国家发展取得的巨大成就，也愈发觉得实现中华民族伟大复兴的中国梦离不开每一个新时代青年的奋斗。青年人要为社会主义现代化建设服务首先要懂得爱国，因此，要宣传、贯彻党的思想理论，唱响社会主旋律，弘扬社会正能量，引领广大青年学生用习近平新时代中国特色社会主义思想武装头脑，触动和感召更多同学以真情实感走进党的宏阔事业，以真才实学走进时代的广阔天地，以真抓实干走进强国建设和民族复兴的壮阔征程。

在担任宣讲团副团长及活动组织部部长期间，我以重大事件、节日、纪念日为契机，丰富理论宣传形式，组织筹办了数十场主题鲜明、形式新颖、影响深远的活动。例如，2020 年 5 月，为了传承五四薪火，增强共青团员对团组织的热爱，培养广大进步青年的爱国主义精神，深入贯彻落实习近平总书记关于青年工作的重要思想，我们组织开展了主题为“传承五四薪火，绽放青春风采”的线上演讲比赛。再如，2020 年 11 月，我们组织开展了“青春故事分享课”，邀请校内外品学兼优、甘于奉献，致力于投身公益事业、志愿服务和社会主义现代化建设的青年学生进行励志分享，发挥新时代先进青年的先锋模范作用，激励云师青年脚踏实地、志存高远，勇担时代责任。此外，在 2020 年 12 月，为了弘扬中国优秀传统文化，同时为贫困山区的学子送去力所能及的温暖，增强青年大学生的社会责任感，我联系文学院书法协会共同举办了春联义卖活动，将活动所得收入通过购买书籍的形式捐赠给鲁甸县龙泉中学，同学们在踊跃参与义卖活动的过程中既意识到了中华文化的魅力，也体验到了为他人奉献的快乐。另外，2021 年，我还成为云南师范大学党史学习教育学生宣讲团的一员，学习党史、新中国史、改革开放史和社会主义发展史，并且将自身所学投入实践，走进各个学院、社区、单位进行党史宣讲，先后服务近千人。

在学习宣传理论、服务同学、服务党、参与校园建设的过程中，我认识到每一个青年学生都能发挥自己的长处，用自己的力量去影响或改变身边的人。学校是一个小型社会，青年学生应该在正式步入社会前根据自己的兴趣爱好和特长积极投身校园建设，充分展示自己的才能，为建设一个更和谐、更健康、更积极向上的校园作出力所能及的贡献，在学校的广阔天地中发光发热，绽放自己的青春光芒，体会到为他人服务的乐趣，从而培养为社会服务的意识。

二　服务家乡，体悟青年使命

家乡是培育青年社会责任感的第二所“学校”。家乡承载着一个人成长的印记，是每个人内心最柔软的地方，也是最让人有归属感的港湾，青年应该能够在服务家乡中体悟青年的使命与担当。

基层不牢，地动山摇，党和国家发展的根本在基层，党在基层的事业关系千家万户的福祉，是人民的幸福所系、利益所系。作为一名思想政治教育专业的学生，我深知人民群众的磅礴力量，也深感青年大学生的重要使命，我迫切地想要走进家乡基层，走进群众，从群众身上汲取前进的智慧和力量。因此，每年寒暑假一回家，我就会联系当地村委会，告诉他们如果有我能做的工作直接安排我即可，村委会也常常临近寒暑假就询问我是否已经回家，想给我安排工作，就这样，我在村委会断断续续的帮忙已经持续了三个春秋。令我印象十分深刻的是2021年8月在村委会挂职担任村支书助理的那段经历，我的主要职责就是完成村支书派发的临时任务，在能力范围内为他分担工作。

我接到的第一个任务是同其他村干部下乡走访部分特殊低保户。2021年我国脱贫攻坚战取得全面胜利，9899万农村贫困人口全部脱贫，踏上了全面推进乡村振兴的新征程。习近平总书记强调“我们要切实做好巩固脱贫攻坚成果同乡村振兴有效衔接各项工作，让脱贫基础更加稳固，成效更可持续，对易返贫致贫人口要加强监测，做到早发现，早干预，早帮扶”。习近平总书记是这样指示的，基层干部们也是这样贯彻落实的。我的家乡沙坝村曾经是一个贫困村，精准扶贫让人们的生活水平有了极大的提高，但是还是有部分居民生活困难。所谓脱贫不脱政策，农村低保就是一项针对家庭年均纯收入低于当地平均收入水平的农村居民的扶贫政策。截至 2021 年 7 月，沙坝村共有 1659 户，5249 人，低保 490 人。我第一次从党支部副书记的口中认识了“阳光低保”，据他说阳光低保就是对受保对象实行动态管理，灵活参保或退保，接受群众监督，确保低保政策公正公开地落到实处。我们这次走访部分特殊低保户，需要了解他们的生活水平和家庭状况，对于生活水平已得到改善、不符合参保要求的对象实行退保处理，家庭确实困难的对象则继续保留，我的任务是做好调查记录和拍照。翻山越岭“走家串户”了两天，我们一共走访了近 30 户低保户。经过调查，我发现大部分低保户都是由于重大疾病或残疾、丧失劳动力、无人赡养或抚养等原因导致贫困。部分低保户家庭情况明显改善，所以经过协商告知他们对他们进行退保处理。在走访的过程中，村委会的干部们对每一户低保户的基本情况都了然于胸，例如家住哪里，家里有几口人，主要收入来源是什么，家庭困难的原因是什么，等等。对于群众不懂的问题，村干部也十分耐心地一一给他们解答，群众看到我们到来也十分热情地迎接。村干部一心为群众，群众衷心拥护党组织，这是中国共产党全心全意为人民服务，中国共产党党员一心一意为百姓办实事在基层的最真实写照。

基层需要青年，基层也最能锻炼青年。下乡走访低保户的这段服务家乡的经历让我体验到了吾辈青年责任之重大。百姓之事，事无大小，皆为要事。我深刻体会到基层干部的艰辛和不易，更深感基层工作的琐碎和复杂。基层工作直接面向广大人民群众，与人民的生产生活密切相关，基层干部最能真正感受人民的安危冷暖，最能知晓人民群众最关心、最直接、最现实的利益要求，做好基层工作最能提高人民群众的幸福感和获得感，也最能体现党的执政水平，做好基层工作容不得半点马虎。青年学生主动投身家乡建设、主动服务基层能够在为群众诚心诚意办实事、尽心竭力解难事、坚持不懈做好事的过程中增长本领和才干，增进与人民群众的情感，体悟青春的使命，从而树立为社会作贡献的价值追求。

三　奉献社会，实现人生价值

社会是培养青年学生社会责任感的第三所“学校”。每个人都无不处于社会之中，都不可避免地要与社会交手，一个人社会责任感的高低很大程度上体现在他对待社会的态度和在社会中做出的行为，而社会也是构建青年学生社会责任感的极佳场所。

2021 年 7 月 22 日至 8 月 6 日，我第一次作为一名支教志愿者到云南省昭通市昭阳区嘿嘞村进行了为期半个多月的支教。嘿嘞村是一个建在半山腰上的小村落，这里交通不便，经济相对落后，中年人几乎都外出打工，留在村里的大部分是老人和小孩。老人们虽然对孩子的学习足够重视，但由于受教育程度较低，知识水平有限，他们无法指导孩子进行有效的学习，支教志愿者的到来让他们看到了曙光。我是作为云南省艺心一益艺术支教团的一员来到这里的，在此期间担任副领队及小学 1—4 年级的英语老师。由于孩子们所在的小学师资力量偏弱，所以他们英语水平参差不齐，总体基础薄弱，因此我每天认真备课，查阅资料，对症下药，注重讲解基础知识，对不同水平的学生进行个别辅导，布置不同的作业，丰富课堂教学形式，激发孩子们学习英语的热情。除了学习，我更关注的是他们的身心健康。我每天都会利用课间休息的时间跟他们在教室聊天，他们总是迫不及待地朝我围拢过来。有的会突然掏出一个又大又红的桃子递给我说：“老师，这是我家自己种的，你尝一尝，可甜了。”有的会突然叫住我说：“老师，今天晚上我奶奶说要包饺子，我邀请你去我们家吃饺子好不好。”有的会偷偷给我塞上一张小纸条，写着“老师，你嗓子不舒服，回去多喝点热水”。有时候吃完饭到村子里散步，遇到学生和家长，也总是热情地邀请我们去家里坐坐。他们的淳朴与热情让“初为人师”的我倍感荣幸与感激，那一声声“老师”犹如甘泉滋润着我，也让我愈加体验到乡村教师的责任与使命。

在这段时间里，我跟孩子们渐渐熟络了起来，也对每一个孩子有了更深入的了解。有一个女孩今年五岁，身体瘦弱，是班里年龄最小的一个，她每天上课几乎不会抬头，不爱笑，下课也不跟其他同学打交道，总是一个人安安静静地坐在座位上。我担心她因为自卑或其他原因而影响成长，因此我每天都有意无意地靠近她，课余时间主动找她聊天，询问她在学习上遇到了什么困难，有没有好朋友，家里有哪些人……我还安排了一个跟她年纪相仿、性格温和、英语基础较好的男孩跟她做同桌，当她的英语“小老师”。渐渐地，上课时她愿意抬头了，下课时会跟小伙伴打成一片，她的脸上有了属于一个五岁小女孩的羞涩而又天真的笑容。时间一长，她渐渐信任我了，她会主动找我聊天，告诉我她家里的情况。她说她的妈妈不要她了，爸爸给她重新找了一个妈妈，新的妈妈给她带来了一个姐姐，我就问她：“那新的妈妈和姐姐对你好吗？”她犹豫了一下说：“好的，只是有一次爸爸给我十块零花钱，被姐姐拿走了。”我跟她说：“新的妈妈爱你就很好呀，以前的妈妈走了没关系，现在的爸爸妈妈会一直爱你，姐姐拿了你的零花钱只是因为不放心想帮你暂时保管一下，你说对不对？”然后她说：“嗯！老师你怎么知道，姐姐就是这样跟我说的。”后来有一次，只有我跟她在教室，她突然拉着我的手说：“老师，等我长大了，以后不管你走到哪里，我都要去找到你。”我知道农村的孩子一向不善于用语言表达自己的感情，他们更多的是通过跟老师分享自己喜欢的东西来表达对老师的喜欢，所以当这个小女孩紧紧握住我的手跟我说出这句话时，我怔了一下。我说：“那要是老师到了很远很远的地方怎么办？”她说：“那老师把你的电话号码告诉我，我以后一定可以找到你。”说着拿出一张白纸示意我写电话号码，我洋洋洒洒写下一串数字，心里有些恍惚。我开始思考支教的意义是什么，人生的价值又在何处？

一个真正的支教志愿者不会盲目地寻求道德上的优越感，也不会居高临下地去关怀和施舍，支教也并不是寻求一份自我感动，让那些孩子成为我们人生的配角，为我们的人生积攒一些说得出口的故事，支教是一种义务，一种付出，一种责任。我并没有想过用我短暂的支教时间去改变孩子们的一生，但我无比希望他们的前途与晨曦同亮。看着这些朝气蓬勃、天真质朴、对村落以外的世界充满了好奇的孩子们，我觉得他们的未来充满了希望。我好像可以改变什么，我前所未有地迫切地想要为这些孩子做点什么，但好像什么都改变不了。父母不在身边的他们有着留守儿童普遍存在的问题，他们渴望陪伴却得不到陪伴，他们渴望被爱却得不到爱，他们渴望知识却得不到知识，这也造成他们与同龄人相比更加脆弱、孤单、敏感的性格。我发现有的孩子表面上强势暴戾，让人难以靠近，实则是因为内心脆弱，为了避免受伤才把自己伪装起来；有的孩子过于自卑，他们对外界十分敏感，不善于表露内心的真实想法，常常掩饰自己的真实感受……

由于教育资源分配的不公平，他们显然是弱势的一方，他们的学校软硬件设施严重落后，教师的教育教学水平十分有限，他们需要的东西太多太多。我希望他们的父母回家给予他们爱和关怀，我想在村里修建一个图书室满足他们对知识的渴望，我想给那些看起来身体瘦弱的孩子做全身检查，我想让他们看看外面的世界……我想为他们做的好多，但是我现在还没有这个能力。

我从未如此强烈地想要通过让自己变得强大来帮助那些社会上需要帮助的人，而我深深地知道，唯有脚踏实地、苦干实干，才能在学成归来后利用自己的力量去帮助他人、改变社会，让这个世界更加和谐美好。社会是一个调味瓶，青年学生能够在社会实践中感受人间百态，社会也是一瓶催化剂，能够进一步强化大学生的责任意识。因此，青年学生应该走进社会，在奉献社会的过程中加深对社会的了解，增强社会责任感，树立坚定的理想信念，找到前进的方向，在为社会服务的过程中实现人生价值。

无论是作为宣讲团的一分子参与校园建设，还是与同村的青年参与最美乡村建设，抑或是作为支教团的一员参与义务支教，我深深感受到为他人服务给予我内心的强大力量，更为重要的是我发现我不是一个人在战斗。我始终是作为某个集体的一员，在集体协作中完成团队使命，同时，在为他人服务中实现人生价值。集体的力量撼动人心。当代青年要树立集体主义观念，把个体融入集体，把小我融入大我，把爱国情转化为报国行，把青春芳华融入滚滚的时代洪流，主动担负历史使命，勇于承担社会责任，在建设校园中彰显青春活力，在服务家乡中体悟青年使命，在奉献社会中实现人生价值，在服务党、服务人民、服务社会、服务国家、服务人类的社会实践中放飞青春梦想！

（本案例由李文倩同学提供）

案例三

让信仰之光照亮理想之路

【案例简介】哈萨克族学生阿海（化名）来自新疆额敏县下属的一个村子，自小家庭贫困，加之父母关系不和，使他养成了自卑、寡言的性格。上了大学后，由于同寝室的同学以汉族为主，且家庭条件较好，长时间处于这样的环境中，阿海原本自卑、寡言的性格变得愈加严重，逐渐产生了对社会不满的情绪。在一次与同寝室舍友的冲突后，阿海的班长介入并调和了冲突，并从阿海口中了解了他的“心结”所在。在阿海班长及辅导员老师的帮助下，阿海自卑、寡言的性格有了极大改观，对社会的认识有了根本性的扭转，并且树立了远大志向。

【案例经过】阿海，1999 年 10 月出生，新疆额敏县上户镇萨铁克村人。作为家中的第一个男孩，父母对他给予了很高的期望与爱护。尽管家里是以放牧为生，收入微薄，但父母还是在他满月的时候，以两头羊作为餐食，邀请了全村人来家中做客、吃饭。然而，在他 8 岁的时候，父亲因为放羊不慎从山崖上掉下，摔断了双腿，以致丧失了劳动能力。偏巧这个时候妹妹阿美（化名）出生了，这使这个原本不富裕的家庭雪上加霜。摔断了腿且无所事事的父亲，逐渐染上了吸烟、酗酒的坏习惯，并经常和母亲在家中吵架、打闹。每当这个时候，阿海只能带着年幼的妹妹阿美躲进卧室里，什么也不敢做。因为他知道，惹恼了父亲，自己便会换来一顿毒打与一阵谩骂。随着时间的流逝，阿海逐渐长成一个大小伙子，家庭环境的因素，虽然使他养成了自卑、寡言的性格，但并没有对他的学习成绩造成太大影响。阿海的成绩一直位列班级前茅。从乡村民族小学到新疆生内高班，从新疆生内高班到云南上大学，阿海一路走来，都是同学中的佼佼者。

然而，2020 年 9 月入学后，因为同宿舍的室友多以汉族为主，且大多数来自经济条件较好的家庭。处于其中的阿海，虽然可以谈及天山地域的人文风光，但却无法与舍友的“现代生活”产生共鸣，比如周杰伦的新歌是什么？韩国当红女演员孙艺珍的新作品是什么？甚至连流行于现在大部分学生中的“王者荣耀”“英雄联盟”等游戏，对于阿海来说也是“天方夜谭”。随着交流的逐渐深入，阿海的内心倍加受挫，渐渐产生了“不如人，不如得过且过”“都是社会惹的祸”的心态。不仅经常上课迟到早退，还对一些本应该参加的集体活动视而不见、嗤之以鼻。同寝室的舍长大华（化名）是个热心的人，看到阿海这个样子，心里很是同情。一次，舍友大华拉着同为寝室舍友的大康（化名），准备邀请阿海一起出去吃饭。结果阿海一句“谁稀罕吃你们富贵人的残羹剩饭”，彻底激怒了大康。两人一言不合就动起了手。声音惊动了隔壁寝室的班长大黄（化名），他和大华费了好大劲儿，才把阿海和大康拉开。

【案例剖析】这个案例，看似是同寝室的舍友之间的打闹事件，但实质上却涉及贫困生心态调整、大学生理想信念树立以及“家—校”沟通联系等多个方面。马克思主义认为，事物是主要矛盾与次要矛盾的对立统一。解决问题，必须要抓住事物的主要矛盾。回归案例本身，虽然这个案例涉及阿海、大康、大华等诸多人物，但核心点在阿海身上。因此，要想解决问题，就必须以阿海为主要切入对象。

阿海能从新疆一个贫困的小山村考上云南高校，证明阿海在高中阶段是具有极强的目标性与自律性的。他之所以会出现“自暴自弃”的问题，一是他所处的环境发生了改变，即由原来单一的备考环境，变成了多元的校园生活；二是他并没有及时调整自己的心态，以适应现实的环境需要。“思想是行动的先导”，要解决这一问题，首先必须要打通阿海的“思想关”。

【案例解决】作为阿海的班长，在调解完阿海与大康的冲突后，细心的大黄便向大华了解了整个事情的经过及阿海平时在宿舍的表现。在掌握基本情况后，大黄找到了所在学院辅导员，经过师生两人的再三商量后，他们制定了如下解决办法。

（一）以理服人、直面问题

在班长大黄的陪同下，阿海、大华、大康三人来到了辅导员老师的办公室。经过辅导员老师耐心细致的劝说，阿海明白了自身的错误，坦诚地向大华、大康道了歉，并求得了两人的原谅。

（二）以行感人、解决困难

在此之后，辅导员老师利用午餐时间、闲暇时间，找来阿海进行谈心谈话。与阿海的谈心谈话，促使辅导员老师了解了阿海的困难及自身自卑、寡言性格产生的原因。为了更好地帮助阿海，辅导员老师一方面推荐阿海担任了学校学生处的学生助理，使其有了一份月薪500元的收入；另一方面，鼓励阿海积极参加社团活动。随着时间的推移及经验的积累，阿海在师生面前变得越来越有自信，不仅克服了因自卑、寡言性格带来的消极思想，还积极参加班级集体活动，成为老师与同学的“好帮手”，甚至在辅导员老师的协助下，成功劝和了父母之间紧张的关系，并鼓励父亲学习手工纺线技术，协助母亲，以改善家庭经济生活。

（三）以智启人、筹谋远方

阿海是从新疆内高班出来的学生，结合家庭实际及相关政策要求，他回新疆额敏县工作的可能性最大。为了进一步消除阿海内心深处对社会认识的“消极思想”，在班长大黄的倡议下，辅导员老师在阿海所在班级召开了一次以“铸牢中华民族共同体意识”为主题的班会。班会上，辅导员老师谈古论今，以历史上昭君出塞、文成入藏、左宗棠平疆为主要案例，向在座的同学讲述了汉族与少数民族密不可分的历史关系，并让阿海作班会主题发言。听完辅导员的陈述，阿海动情地说道，我们当今的生活来之不易，大家只有像石榴籽一样紧紧抱在一起，中华民族的明天才会更美好。我的心愿就是做民族团结的维护者，期待在毕业做到自食其力后，能为“铸牢中华民族共同体意识”作出自身应有的贡献。阿海的发言结束，台下响起了雷鸣般的掌声，而辅导员老师也终于收获了想要的结果：让信仰之光照亮理想之路——树立阿海的远大志向。

【案例启示】阿海的事情结束了，但留下的思考却远未结束。随着内地与边疆一体化建设进程的加快，边疆少数民族学生进入高校求学已是极为常见的现象。然而，如何处理好少数民族学生在大学学习生活中所可能带来的问题，却依旧是困扰高校学生工作者的难题。“阿海事情”的处理，可以带来以下三个方面的启示。

（一）考虑全面性

“不谋全局者，不足以谋一域。”学生工作，从本质上看是做“人”的工作。既然是做“人”的工作，就必须要从“人”的性格、心理、状态等方面着手。如果单刀直入、简单粗暴，就会适得其反。在本案中，班长大黄和辅导员老师，没有采取单纯批评的方式，而是采取“谈心谈话—剖析问题—精准击破”三个步骤，对阿海的错误予以教导，并最终使阿海在认识到自身错误后，积极主动改正。

（二）兼顾特殊性

“花无百日红，人有众生相。”学生作为一个“个体”，有独立思考、判断的意识。在教育工作中如果不能针对学生的实际需要给予精准回应，教育效果就会大打折扣。阿海的问题根源在于他的自卑、寡言的性格。因此，辅导员老师针对阿海这一性格，采取了鼓励其参加社团活动、为其提供兼职、召开班会等方式，从“外因”层面为阿海的“内因”发力，从而为其彻底改变创造了良好的外部条件。

（三）注重灵活性

“政策需坚守，因时而变通。”少数民族是中华民族大家庭的重要组成部分，但是少数民族在政治、经济、文化等方面相较汉族而言，依旧存在一定的差距。因此，在涉及民族关系的时候，除了必要的政策坚守，更需要的是“因时而动”的“灵活处理”。在本案中，阿海是哈萨克族，且其家庭长期处在中国西北边陲，落后的环境及家庭的不和，造成了阿海自卑、寡言的性格，这是客观存在。因此，在阿海没有造成实质伤害的前提下，辅导员老师充分考虑了阿海的客观情况，没有采取张贴“通报批评”的方式处理阿海，而是采取“内部协调”的方式劝导阿海，并最终使他在接受大家帮助的过程中树立了远大理想，立志成为对社会有用的人。

（本案例由黄超同学提供）

案例四

扬青春之帆，传红色之声

【引言】

党的十九大以来，为了响应“全面推动习近平新时代中国特色社会主义思想进教材、进课堂、进头脑”的号召，全国各地高校纷纷建立大学生思想政治理论宣讲团。众所周知，高校思想政治教育是人才培养的关键环节之一，大学生宣讲团作为高校青年学生以自身兴趣爱好为基础自发组成的群众组织，是进行高校思想政治教育的重要形式之一。选拔学生进行宣讲的模式改变了传统课堂单向灌输的传播方式，充分发挥青年学生中理论学习骨干的带动作用，让众多高校学生对思想政治理论由被动接受转变为主动学习，从而提高新时代青年大学生的政治理论素养，培养社会责任感。

【案例正文】

王小琳同学就读于云南师范大学马克思主义学院，2020 年 6 月，她成为云南师范大学“党的十九大精神”学生宣讲团的主要负责人之一。这是她在宣讲团的第二年，自大一加入宣讲团以来，王小琳组织参加了各种宣讲和理论学习活动，得到了很多锻炼。2021 年 4 月，在中国共产党成立 100 周年之际，学校成立了云南师范大学党史学习教育师生宣讲团。王小琳参与了从党史宣讲稿的前期准备到定稿，再到进学院和社区开展宣讲的全过程。在此期间，她有了许多感悟与收获。

一 在“党的十九大精神”学生宣讲团中的锻炼与收获

（一）丰富多样的学习活动

云南师范大学“党的十九大精神”学生宣讲团在校党委宣传部和校团委的指导下，以学校马克思主义学院老师为实践指导主体，以学习、宣传、贯彻党的十九大精神、习近平新时代中国特色社会主义思想以及党的其他思想理论、方针政策为主要任务，具有很强的理论性和纪律性。为此，宣讲团开展了丰富多样的理论学习活动。

2020 年 9 月，王小琳根据宣讲团制定的《宣讲团学习建设与学员培养计划大纲》，组织开展了每学期一次的集体培训。她邀请马克思主义学院的兰老师和王老师给宣讲团做集中培训。两位老师的讲座分别以“习近平新时代中国特色社会主义思想概述”和“讲好中国故事”为主题，让同学们系统了解了习近平新时代中国特色社会主义思想，并对时政热点有了更深一层的解读。讲座结束后，王小琳带着大家以“你为什么加入中国共产党”为主题展开结构化研讨，同学们都积极参与，发表了自己的看法，最后王小琳总结道：“为什么加入中国共产党，不同的时代有不同的回答，而作为新时代的青年大学生，应该把个人理想同中国梦紧密结合，思想上积极进取，紧跟党的步伐，以高度的社会责任感投入到社会主义事业的建设中去。”

2020 年春季学期虽是线上网络学习，但宣讲团也没有放松学习。在家线上学习期间，王小琳带领团内理论学习小组成员，以“中共十九届四中全会精神解读”“2020 年中国经济现状与未来走势”“打赢脱贫攻坚战·全面建成小康社会”“中美关系与世界大国关系”“透视台湾地区领导人选举深化认识‘一国两制’”为主题开展线上主题学习活动，此次学习活动以同学们先观看视频学习，后分享心得的方式进行。王小琳觉得线上学习的效果不错，大家在线上的发言没有像在线下那么拘束，积极性较高。通过线上交流的学习方式，同学们都广泛关注到了社会新闻，了解时事，对个人社会责任感的培养有很大的帮助。宣讲团成员们表示，作为新时代青年学子，要学好专业知识，增强自身本领，在我国实现“两个一百年”奋斗目标的新征程中贡献青春力量。

2020 年 10 月，王小琳来到了生命科学学院党支部进行理论学习与交流，从同学的宣讲中了解到了很多平凡却感人的故事，感受到了中国英雄的伟大；也从张桂梅老师的故事中感悟到了奉献敬业的伟大精神。王小琳认为生科院的党建活动办得很不错，有专门的学习小组开展学习分享会，也邀请过宣讲团的成员参加交流。

12 月 4 日是我国的宪法宣传日，紧跟时政热点一直是宣讲团学习的主要要求。为此，在宪法日当天，宣讲团联合笃法廉风社共同举办“与法同行”宣讲活动，通过宣讲弘扬法制精神，宣传依法治国理念，培养学生的法制观念，了解国家的法律方针和政策，使更多的人知法、守法、学法、懂法、用法，提高大学生法律意识，引导我校学生形成自觉学习、遵纪守法等良好品质。帮助大学生普及法律常识，提高维权意识，培养社会责任感，学会用法律的手段保护自己。

（二）不断积累的宣讲经验

大一上学期，王小琳参加了宣讲团举办的宣讲比赛，虽然她取得了第一名的好成绩，但是团长却和她说：“你的讲演能力很好，但是宣讲的内容还需打磨，你讲的是‘坚持中国共产党领导的必要性’，但是你全程都在讲理论，没有联系实际，可以多挖掘身边的例子。”团长的话让王小琳很受启发，以后一定要多注重与实际联系，多关注社会时事。

2020 年 10 月，王小琳和其他五位宣讲员一起参与了中共云南省委教育工委关于习近平新时代中国特色社会主义思想大学习领航计划系列主题活动，完成了以“绽放青年力量 · 决胜全面小康”为主题的高校大学生思政课的录制，并成功入选了高校大学生讲思政课 30 堂。在准备宣讲的过程中，王小琳吸取之前的经验，以中共十九届四中全会提出的“中国国家制度和国家治理体系的十三个显著优势”为主，针对每一个优势，去寻找相关事例，一个优势下对应多个事例，以社会关注焦点来讲述青年生活与社会小康，不仅让宣讲更加贴近生活，还极大地深化了主题，有利于社会责任感的提升。

在多次准备宣讲的过程中，王小琳发现，单靠个人自主学习还是不能很好地把握时政方向和宣讲重点，还需要老师的指导。2020 年 12 月，宣讲团特邀马克思主义学院陈老师，以“学习十九届五中全会精神”为主题开展线上宣讲，深入分析了我国发展环境面临的深刻复杂变化，为之后的宣讲提供了新思路。

二　在党史学习教育学生宣讲团中反思与成长

（一）前期准备

2021 年是中国共产党成立 100 周年，在全党全国开展党史学习教育，是党为动员全党全国满怀信心投身全面建成社会主义现代化国家而作出的重大决策。

2021 年 3 月初，王小琳和其他宣讲团同学开始准备党史宣讲稿。可是党史包含的内容如此之多，究竟该怎么讲？从何讲起？讲的重点是什么？宣讲员们都毫无头绪。王小琳搜索观看有关党史的视频，听专家是如何讲的，并上网查阅了关于党史的文献，从文章里面找思路。3 月 27 日，王小琳来到昆明海埂大会堂参加党史学习教育中央宣讲团宣讲报告会，同行的还有教师代表和其他宣讲员代表。中央宣讲员张宏志强调了关于学习党史的几个重要方面：深入领会习近平总书记的重要论述、明确党的性质和宗旨、深刻领悟中国共产党为什么能发扬革命精神等。听完报告会，宣讲员们的思路更加清晰。经过讨论，他们决定以三个时期（革命时期、建设时期和改革时期）为主线，在每个时期中穿插一些革命精神，如红船精神、北大荒精神、航天精神等。经过查阅相关资料和文献，反复修改，宣讲稿初稿大致形成。

4 月 15 日，王小琳接到了学校要组建党史学习教育师生宣讲团的通知，并和其他宣讲员代表一起参加了云南师范大学党史学习教育专题宣讲交流会，此次交流会主要是和教师宣讲员一起讨论党史宣讲的准备工作。参会老师们就之前写的宣讲稿给出意见：单靠革命精神来讲述党史太过单薄，所以老师的建议是以三个伟大飞跃（站起来、富起来和强起来）为主线，先讲清楚每一个飞跃里的发展成就，再结合具体的事例来加强说明，尤其是学生宣讲团的受众是青年大学生，应该重点把红色故事讲好。宣讲员们根据老师给的思路和参考文稿，最终以“奋斗百年路，启航再飞跃”为主题，完成了宣讲稿和宣讲 PPT 的制作。

（二）宣讲进行时

4 月 26 日，云南师范大学党史学习教育师生宣讲团正式成立。其中，学生宣讲团由“党的十九大精神”学生宣讲团的代表成员、传媒学院播音与主持艺术专业的同学以及校学生会的同学代表共同组成。至今，学生宣讲团已经到美术学院、体育学院、数学学院、马克思主义学院、文学院等多个学院，以及吴家营街道万青社区、万溪冲社区、两新联合党支部等社区开展了宣讲活动。

5 月 22 日下午，王小琳给文学院的同学进行了党史宣讲。接到宣讲任务后的王小琳认为要根据不同学院的特点来调整宣讲内容。她根据习近平总书记提出的“读原著，学原文，悟原理”这一指导要求，结合文学院的特点，想到了可以以“红色文学作品”为切入点，与文学院的同学展开交流。她在中国知网查阅了相关文献，了解到红色文学作品与党史教育的联系，设计了以下问题与文学院的同学们进行交流：你有没有参加党史征文比赛？你的写作思路是什么？你了解的红色文学作品有哪些？你认为当代大学生阅读红色文学作品呈现出怎样的特点？你觉得当代红色文学作品要怎样与社会实际结合？同学们积极回应道：红色题材文学作品，首先要对红色精神做深入的理解，抱着推翻常理的观念去写作，勤于换血，多阅读红色书籍及多门类书籍，但最关键的是要把握当代社会实际，在作品中融入社会主义核心价值观，以高度的社会责任感创作好的文学作品。

通过党史宣讲，王小琳深切感知到，现如今人们可以通过多种渠道跟踪并了解党的最新方针政策和落实情况，也可以动态收集群众对理论和实际问题的关切程度。然而，群众的需求不尽相同，并不是所有政策都能引发群众的关注兴趣或产生实用价值。大学生在宣讲时，如果对宣讲内容不加理解消化、一味地照搬照读中央和地方文件，不经提炼也不结合当地实际对群众进行理论灌输，会让群众认为所讲的东西无聊无用，也就无法产生共鸣。

三　总结与反思

新时代青年大学生的思想政治状况不断呈现出新的特征和面貌。要培养青年大学生的社会责任感，就要在遵循当代大学生成长成才基本规律的基础上，突出“把握时代脉搏，紧扣时事热点”的特点。在形式和路径上，不断丰富和创新；在内容上，不断赋予新的时代气息和内涵；在原则上，要顺应新时代社会主义核心价值观教育的新要求；在目标上，符合引领广大青年大学生在个性和心灵上的内生需求，不断增强其社会责任感。

宣讲道路漫漫，王小琳深知自己的知识储备和宣讲经验远远不够，但她始终秉持初心，不断学习与进步，争取做一名优秀的宣讲员，通过宣讲激励更多青年树立远大理想信念，勇于担当时代赋予的历史责任。做时代新人，为时代发声！以高度的社会责任感和强烈的家国情怀，在不断反思与进步中，将红色之声传递给一代又一代人！

（本案例由哈尼族同学魏剑琳提供）

案例五

汲取榜样力量　勇担社会责任

社会责任感是指个体对自身在人类社会发展中所应当承担的责任、使命等的态度和情感体验。青年大学生社会责任感的强弱决定社会主义事业的发展，决定民族复兴中国梦能否顺利实现。因为只有具有高度社会责任感的公民，才会主动承担起建设和谐社会、实现中华民族伟大复兴的时代使命，当代大学生作为未来社会发展的储备人才，肩负着实现中国梦的历史重任。因此，当代大学生社会责任感的强烈与否，不仅关系着他们自身的成长和成才，还关系到国家与民族的发展和强大。

提升新时代大学生的社会责任感是党对高等教育工作提出的明确要求。习近平总书记曾多次指出："当代大学生是可爱、可信、可贵、可为的"，"青年的价值取向决定了未来整个社会的价值取向，而青年又处在价值观形成和确立的时期，抓好这一时期的价值观养成十分重要"。对于为党和国家培养优秀人才的高等学校而言，强化大学生的社会责任感是其落实立德树人这一教育根本任务的重要体现。强化大学生社会责任感必须全面把握社会责任感的内涵和当代大学生的鲜明特点，需要强化社会主义核心价值体系的引导，要树立起励人心志、催人奋进的光辉榜样，鼓舞、激励当代大学生勇担社会责任。

以榜样为灯塔：长大后，他成了你们

十年前，有一群人，从四面八方汇聚到云南的一个闭塞小乡镇，为那里的孩子打开了新世界的大门。

十年后，有一个人，从云南到甘肃，在同样的一个小山村里，希望用十年前汲取到的力量温暖那里的孩子。

那群人是我初中时遇到的美丽中国项目的支教老师。2011 年，他们从四面八方来到我的家乡，成为闭塞落后小镇的中学支教老师。

那个人是我的亲弟弟。2021 年，我们大学毕业，他从云南到甘肃，成为美丽中国项目甘肃地区 2021—2023 届支教老师。

我的弟弟出生于 1999 年，比我小一岁。2016 年，我高考失利，复读一年。2017 年我们一起高考，一起上大学，我就读于大理大学小学教育专业，弟弟就读于云南大学法学专业，2021 年 6 月，我们一起毕业。

2020 年 10 月，我在准备考研，弟弟打电话告诉我，他在准备美丽中国项目的面试，听到这个决定，起初我有点震惊，继而是深深的敬佩。也许是弟弟感情比较内敛的原因，相对于我而言，弟弟从未表达过那群人带给他的影响，也没有选择师范专业。按理说，似乎我更有理由选择成为一名支教老师。挂掉电话后，我突然想起，早在我们大二的寒假，弟弟就已经去过昭通鲁甸支教了。

2020 年 12 月 10 日，弟弟面试通过，正式成为美丽中国项目的一名支教老师。他说，想要出去看看，沉淀一下自己，说不定也可以为一两个孩子的成长带去一点好的影响。弟弟说得很轻，但我从他平和轻柔的语气中听出了无限的坚定。

2021 年 9 月开学，我成为小学教育专业的一名研究生新生。弟弟也成为甘肃省陇南市成县小川镇周旗小学的一名新老师。

我的弟弟成为孩子们口中的“吴老师”，我想起了那一年来支教，教我们语文的陈老师。

那年，陈老师刚刚大学毕业，一米六五左右的个头，很白很瘦，剪利落的短发，戴一副红色框架眼镜，笑起来很温柔。陈老师给我们制作了成长记录表，将我们在语文课上的成长与表现一一记录，根据我们的表现奖励我们学习用品，那些小红花和五角星，贴在了当年那张记录表上，也拓印进了我的心里，在遇到困难的时候，我总会想起那些小红花和五角星，它们一直越过时光鼓励着我，让我学会肯定自己，不断进步。

陈老师在教室后面给我们放了一个很大的书柜，鼓励我们多读书，丰富自己的思想，在与古人先哲的对话中解答自己的疑惑，找到共鸣。那个时候读的那些书，那个时候养成的读书的习惯，让我在之后的人生旅途中受益匪浅。支教的老师还一起创办了报纸，弟弟当时是报纸编辑部的一员，在那份小镇中学的报纸上，我第一次看见自己写的东西被印刷发表出来，报纸上漂亮的字在十几岁小镇女孩的青春里摇曳生姿。

2021 年，孩子们口中的“吴老师”也刚刚大学毕业，一米七左右的个头，不白，很瘦，剪利落的短发，戴一副黑色框架眼镜，笑起来也很温柔。

弟弟说，那是一个放眼望去都是山的小村子，就像我们村一样，那是一所很小的学校，甚至比我们当年读的小学还要小一些，是“5・12”大地震后重建的，一个学前班加六个年级只有五个教室，学前班和一年级共用一个教室，三年级和四年级共用一个教室，弟弟带学前班和一年级的语文课，兼任其他年级的道德与法治和体育课。上课时先组织后面学前班的孩子玩游戏，然后给前面一年级的孩子教汉语拼音，通常是还没有开始教前面一年级的，后面学前班的孩子就已经因为抢玩具打得不可开交，刚刚组织好后面的孩子安静搭积木，前面的孩子已经跑到教室外面了。那里的孩子大多为留守儿童，弟弟是这样形容那群孩子的，他说，他们披着成熟的外衣，身上插满伤人的尖刺，表现出无所畏惧，甚至要挑战规则的样子。在多数人看来，这样目无尊长、无心学习的孩子“坏透了”。但老实说，他们在世不过十余载，也许很多时候我们都还觉得自己是个孩子，何况他们呢？他们本来就是孩子啊！那些所谓的成熟和随时可能展开的尖刺，可能只是无奈与自我保护的代名词。他们有什么错呢？他们只知道做错事情了要挨打，却很少有人告诉他们怎样做才是对的，很少有人愿意付出时间，耐心地“等一等”他们，他们没有错，只是缺少引导与陪伴，他们不是要封闭自己，只是缺少一个值得打开心扉的人。

弟弟希望自己能够成为那个人。弟弟说，虽然条件很艰苦，三天两头停水，经常要骑自行车去镇上洗澡，要自己买菜做饭，快递、交通、网络都很不通畅，但是，他不后悔。弟弟很爱那些孩子，经常带他们玩游戏，经常给我分享孩子们的照片，做操的孩子，玩游戏的孩子，上课上讲台展示的孩子，羞涩的孩子，安静的孩子，跳手指舞的孩子，挺着胸脯嬉笑的孩子。弟弟还给我分享过一张卡片，上面写着："吴老师，您是我心目中最敬重的好老师，您虽然十分严厉，但是您把……"卡片没有写完，卡片上的字也是歪歪扭扭的，有些还是错别字，字的下面画了一个人，几颗爱心，旁边写着两排"a o e"，上面那排标了声调，下面那排没有标。我想，他的孩子们也是爱他的。

十年前，来支教的那群老师给我们这群十四五岁，正值青春期的叛逆孩子带来了温暖；十年后，我的弟弟在同样一个小地方陪着他的孩子们嬉笑玩闹，俨然一个"孩子王"。那两年的时光很短，但那两年获得的温暖足以慰藉在看不到前路的暗夜里奋力前行的我们；这两年的时光也不长，希望弟弟带给那里孩子们的温暖，也能如点点荧光，陪着他们长大。虽然弟弟从来没有说是受十年前那群支教老师的影响，但是我知道，他正以他们为灯塔，一步步走近他们，成为他们。

以榜样为航标：长大后，我愿成为您

我的母亲是一位很普通的农村妇女，但我一直都非常敬佩我的母亲。

我小学二、三年级的时候，奶奶病重在床，每天打针吃药，吃喝拉撒全要人伺候。因为父辈之间扯不清楚的一团乱麻，大伯家没有给奶奶支付一分钱医药费，更别说亲侍汤药了。那个时候父亲在外打工，我和弟弟在读小学，母亲一个人伺候奶奶，操持家务，做农活。我印象最深的是，那年农忙时，为了赶时令，多赚几块钱，母亲晚上把手电筒咬在嘴里去采茶。夜晚本来是该熟睡休息的，虽是春天，夜晚的风还是夹杂着一丝寒意的，夜晚是很黑很黑的，手电筒咬在嘴里是很难受很难受的。母亲个子很小，但是那种对家庭的强烈责任感，使她用瘦小的身躯撑起了整个家。

我读中学的时候，母亲成为一名光荣的中共党员，大学时，我和弟弟也相继成为中共党员。母亲时时教导我们要好好学习，要起到党员的先锋模范带头作用，她说，光荣的称号给了你，危险的地方当然也得你先去，我和弟弟都是受母亲的影响而加入党组织的，我们也一直在努力，希望自己能够承担起更多的责任，回报父母，回报社会。

鲁迅说："愿中国青年都摆脱冷气，只是向上走，不必听自暴自弃者的话。能做事的做事，能发声的发声。有一分热，发一分光，就萤火虫一般，也可以在黑暗里发一点光，不必等候炬火。"小时候母亲常说："有一分力量发一分光。"我和弟弟很小的时候就开始分担家务，那是母亲教我们承担对家庭的责任；中学的时候，我们就能够自己支配零花钱，此后的人生选择也是自己对自己负责，母亲基本不加干涉，那是母亲教我们承担对自己的责任；当社会需要志愿者时，母亲以身作则，带领我们参加志愿服务，那是母亲教我们承担对社会和国家的责任。

母亲只读过小学，她常说自己文化水平不高，但是，我亲爱的母亲，您可知道，我一直都想要成为像您一样有责任感的人，我也会以您为航标，不断努力，我相信，终有一天我会成为您。

他们就是我深深敬佩的，具有高度社会责任感的榜样，一个是我的弟弟，一个是我的母亲。弟弟以十年前那群支教老师为灯塔，成为他们当中的一员，希望用两年的陪伴，用他十年前汲取到的力量继续温暖那群孩子。母亲以身作则，教导她的孩子不断努力，教会她的孩子承担起对自己、对家庭、对社会和国家的责任，成为她孩子的榜样。

榜样本身就是一种强大的力量，一个有希望的民族不能没有榜样，一个有前途的国家不能没有先锋。榜样往往可以把人生的意义变成鲜活的形象，让远大理想、优良品格、高尚人格在自己的实际行动中生动展现。他们用行动证明，只要有坚定的理想信念、不懈的奋斗精神，勇敢地承担起属于自己的责任，脚踏实地把每件平凡的事做好，平凡的人就可以拥有不平凡的人生，平凡的工作就可以创造不平凡的成就。我们要树立起励人心志、催人奋进的光辉榜样，鼓舞、激励当代大学生学习榜样精神、汲取榜样力量，勇于承担社会责任，以更加强烈的责任担当，以个人责任和奋斗助推国家富强、民族振兴的历史进程，为实现中华民族伟大复兴贡献智慧和力量。

（本案例由吴翠萍同学提供）

案例六

拥有责任感，人生不平凡

学生是民族和国家的未来与希望，担负着实现中国梦的重任，责任意识在其成长中居于核心主导位置。社会责任感从广义上说是对自己、他人、家庭及社会所应承担的责任，从狭义上说是对社会的责任。责任与担当在千百年以来都是一个经久不衰的重要话题，古有于谦不畏抗争，誓死保卫北京城；今有张桂梅老师十年如一日坚守乡村教师岗位，帮助一批批乡村学子圆梦。责任和担当正是我们时代之所需，是每位大学生思想道德教育的重要内容，社会责任感培育的成效关系到大学生的健康成长，关系到社会主义核心价值观的培育，关系到祖国美好未来的构建，这是时代最强音，这是熔铸青春不凡的重要体现。

2021 年我有幸在云南师范大学的图书馆做研究生“三助一辅”的工作，协助处理图书馆的有关行政管理事务。有人说图书馆的工作是轻松的，在里面工作压力不大，可以看书学习，还可以做自己的事情，但是当我来到这里后，却和想象中的不一样，这项工作琐碎繁忙，使我感受到重任在身，而又意义非凡。

当我置身于宽敞明亮的图书馆中，宛如步入了书的海洋，高高的层层书架，整齐的本本图书，沉浸于知识海洋中的莘莘学子，忙碌的图书馆老师们的身影，这一刻，我懂得了什么是责任，什么是付出，我知道了在今后的日子中我将与这片宁静的领域融为一体。

给新购外文图书编目、回复读者电邮、整理在架图书、协助图书馆老师处理行政事务……工作琐碎而繁忙，但是我觉得很充实，能够拥有一份自己喜爱的工作，即便再忙一点我也乐意。在图书馆帮忙整理书籍的过程中，我更加深切地体会到每一件看似轻松又普通的小事情也远不是我们想象得那么简单。图书整理工作虽然是苦活累活，但我也乐在其中，一方面是我学到了一些图书分类、编码方面的管理业务知识，另一方面是精神上的满足，图书馆老师们对我的表扬是对我努力的最好褒奖。每当在图书馆经过自己整理过的图书、摆放整齐的书架，想着同学们可以顺利找到自己所需的书籍时，我觉得自己的付出和辛苦是有意义的，劳动的过程的确是“赠人玫瑰，手留余香。”

每天清晨上班时，当我走进图书馆二楼，便看到一些穿戴有“图书馆志愿工作者”字样袖章的同学，他们大多数都是大一大二的学生，他们中有的在拖地、擦桌子，有的坐在总服务台录入图书馆借记数据，还有的在整理书库里的文献资料和书籍。辛勤劳动的他们为图书馆带来了生机与活力，给每天备考复习的学子营造了一个清洁干净的环境，他们成为图书馆里的一道美丽的风景线。前不久，在六楼工作的我与图书馆志愿团队的同学一起去书库放台签与整理书架，这次偶然的机会让我与他们有了一次交流的机会，我很激动地问起他们在图书馆做志愿活动的原因，他们很骄傲地和我说：做志愿工作能在帮助别人的情况下，自己也获得快乐；其次，作为大学生，不仅要掌握理论知识，更应该主动去接触社会，充实自我，锻炼自身的能力；更重要的是力所能及地为自己的学校贡献一份力量，也为学弟学妹树立榜样。那天下午我与他们一起为图书馆服务，在图书馆老师简单地交待后，志愿者们便很快投入自己的工作中去了，抬水、换水、擦书架、浇花、整理书籍，一切都井然有序，活动中大家互帮互助，帮上架子的同学扶椅子、给双手沾满灰尘的同学递纸巾，因为有志愿者们的存在，这冽冽寒冬也变得温暖无比。我们从一楼开始推着小车为每一层的自习室以及书库贴标语，放置师大专属的台签。这次的任务一做就是一周，在大家齐心协力的分工合作中，图书馆焕然一新。为别人鼓掌也是在为自己的生命加油，非常值得！

在这短短的一周时间里，我真切地感受到了每一位志愿者的热情，他们不怕冷不怕累，满腔热情地为图书馆贡献自己的力量。我也问过他们：现在课业繁重，志愿者工作会占据很多时间，何况这份工作没有一分钱报酬，这值得吗？他们说："志愿者就是为他人付出且不求回报的人。"是啊，而且志愿者看着是在服务他人，但自身也学习到了知识，更重要的是精神和心灵也得到了满足。因此，参与志愿者工作对我来说，既是"助人"，亦是"自助"，"乐人"也"乐己"。做志愿者工作会耗费一些时间甚至体力和精力，但这样的体验却能收获另一种快乐，也能提升大学生承担社会责任的意识。作为新时代的大学生，在我们感受到国家和社会给予我们温暖的同时，我们更应该明确如何去承担和践行我们的社会责任。

随着时代的发展，人们观念意识的提高，社会责任感正慢慢地在社会人群中升华。大学生作为高素质人才，是民族的希望和祖国的未来，不能养尊处优，而应该履行义务，肩负起时代赋予的责任。即使能力有限，但关爱之心不可磨灭！哪怕一句问候、一次搀扶、一次弯腰都能为社会公益、慈善、福利生态环保事业及建设和谐社会贡献出自己的微薄之力！在志愿活动中培养的对他人、对自己负责的社会责任感，是我们当代大学生必须要具备的品质，也是构建和谐社会的关键。

青春的列车，一直向前驶去，我们不能选择停留，但我们可以播下希望的种子，让它在我们所经之处茁壮成长为参天大树，为需要的人遮光挡雨。我们追求的并不多，只希望能够尽我们的微薄之力，让天下爱我们的人和我们爱的人永远快乐，也许我们微弱的力量改变不了什么，但是只要我们一起努力，就会发现世界在我们手中会变得越来越美好，也许我们能够做的的确很少，但是我们只要做了我们力所能及的应该做的，我们就会发现实际上我们获得的比付出的要多。

古人云："天下兴亡，匹夫有责。"新时代的青年是在背负的责任中前行，对于责任的清醒认识和决然坚守，使我们的人生更加精彩，使我们的青春更加不凡！

（本案例由叶舒睿同学提供）

案例七

从热词“内卷”“躺平”看当代大学生社会责任感

一　总述

（一）大学生社会责任感

责任感是一种思想道德素质，社会责任感是一种社会道德心理。从获取利益的角度来看，个体具备社会责任感，不仅要懂得利己，更重要的是能够把国家、社会和他人的利益放在首位。个体与群体相辅相成，个体常常是群体成员中的角色，当独立的个体具备了社会责任感，才能在群体中实现自我的意义和价值，得到同伴的尊重，获得群体归属感；个体社会责任感的集合为社会发展营造了良好的条件，社会因个人的发展推动而得到进步，从而实现仅靠个人力量不能达成的集体目标。

我国当代大学生的社会责任感可以理解为：大学生明确了自己在国家、社会、学校、家庭等生活圈的角色定位后，能够结合自身情况和生活圈的实际发展背景，端正利他利己的态度，树立崇高远大的理想，承担分内分外的事务；自觉养成认真履行义务、主动承担责任的高尚思想道德品质。社会责任感是大学生发展成才的综合素养之一，为大学生实现个人价值提供了基石和保障，是实现家庭幸福、学校兴旺、社会发展、国家富强的有力支撑。

（二）内卷

“内卷”这一网络热词，多出现在高校学生的日常交流中，多指非理性的内部竞争或“被自愿”竞争；也指个体在竞争有限的资源时，仅以学习用时和精细程度为衡量标准，盲目付出多倍努力，导致“收益努力比”下降的现象。笔者在本文中写到的“内卷”既有过分消耗内部资源而产生的恶性竞争现象，也有跳出“恶卷圈”共同进步、事倍功半的良性竞争现象。

（三）躺平

“躺平”也是当下的网络流行词，可以理解为青年不愿意被社会内卷裹挟，对待外界事物不做任何反应或反抗，选择顺从、逃避、得过且过、随遇而安的态度。这种不争抢、无作为的处事方式，会使大学生的社会责任感逐渐淡薄。

二 激进“内卷”中缺失的社会责任感

案例一：中南大学有一间男生“学霸宿舍”，在四位舍友的共同努力下全员保研，分别进入北京大学、清华大学、南京大学、中国科学院计算技术研究所，他们在“内卷”的良性竞争中，巧妙使用“小黄鸭”学习法，发挥个人的特长优势，分工学习，互相当对方的老师。他们还制定了准时高效的“学霸秘籍”，根据要求执行计划，完成学习任务。

案例二：中国内地某影视男演员，2019年因在直播中暴露不知“知网”为何物，其博士学位的真实性遭到质疑。经有关方面调查后，确认其存在学术不端行为，相关大学纷纷采取措施：四川大学学术诚信与科学探索网将该演员列入“学术不端案例”公示栏；北京电影学院撤销该演员博士学位。这次“学术打假”事件也导致该演员人设崩塌。

（一）学习责任感的利益化

学习是获得知识或技能的过程，是一种使一个人可以得到持续变化

（知识和技能、方法与过程、情感与价值的改善和升华）的行为方式，学习推动着人类发展史的进步，个人成长也离不开学习的促进。当代大学生在外界高期望值的压力下，将实现个人价值和获得利益放在首位，为着一份高薪、体面的工作而学习知识、应对考试，初心和理想信念变得“表面化、口号化”。在“内卷”洪流的裹挟中，个体没有足够的时间进行反思和总结，全力饰演着“好学生”的角色，而忽视了在群体“社会圈”中应当实现的社会价值和所要承担的社会责任。案例一中的四位学霸能够合理应对“内卷”风波的席卷，拒绝在学习中投入无效努力，练就了一身扎实过硬的本领。当他们在努力过程中遇到了瓶颈期，单纯的利益追求难以抵抗“舒适圈”的愉悦感，个人动力虽然有所削弱，但在四人群体中的群体责任和同行者的激励、陪伴会及时弥补空缺，个体自然不易走向“不卷了，躺平吧！”这样消极的生活态度。

（二）政治责任感的疏远化

案例一中全员保研的四个男生，他们将个人命运与国家命运紧密联系在一起，把个人理想融入国家、社会发展中，他们团结合作取得了想要的结果，提升了自己的个人价值，满足社会对人才的需求，为更多青年树立了学习的榜样。大学生的理想信念既是实现自己的个人价值追求，更是肩负起对国家、对民族的责任和担当。每一代青年都有自己的使命，飞速更新的网络数据为大学生提供了主动关心时事政治、培养政治责任感的平台。身处和平年代的大学青年，以敏锐的眼光筛选自己浏览的数据时须严谨客观，牢记社会责任感的政治内涵和时代要求，抓住机遇和挑战，与时俱进，成为实现中国梦的有用之才。

（三）道德责任感的两极化

随着受教育水平和社会对教育的重视程度逐步提高，在人才辈出的当下，竞争愈发激烈。案例二中的演员为了取得高学位，采用学术造假的不正当手段达到目的，此类行为导致“内卷”中的恶性竞争。一方面，这样的恶性竞争如同一双无形的手拨动竞争的天平，产生了不公平现象，导致人际关系变味，在个人利益的驱动下，大家都带上了虚假和吝啬的面具，失去分享欲，甚至变得自私和不明事理；另一方面，闭门造车的学习方式往往是行不通的，“个体无法脱离群体而存在”这一定论也揭示了这个道理，如果采用案例一中的学习方式，集合群体的智慧和力量来实现个体的目标，既提高了做事效率，也达到了事半功倍的效果。个体高尚的社会责任感形成合作的力量，推动集体的成功，同时实现个人利益与集体利益的双重收获。

三 消极“躺平”中缺失的社会责任感

案例三：“啃老族”是指一些不升学、不就业、不进修或不参加就业辅导，终日无所事事的族群。“啃老族”要么因为眼光高而找不到理想工作，要么主动放弃就业机会，赋闲“舒适圈”，不仅衣食住行全靠父母，而且花销往往不菲。河北省某县一个“80后”小伙，在三十而立的年岁，自己不去打拼，逼父母贷款30万给他买婚房，拿出8万元作为彩礼钱。父母的积蓄早已被掏空，小伙仍不断索要，母亲告诉小伙说：“手中已无钱，如若再逼只能去跳楼。”小伙不但不心疼母亲，还恶语相向：“那你就去死吧！”母亲面对出言不逊的亲生儿子被逼无奈，于2019年12月31日绝望地从5楼跳下，结束了被啃老的一生。

（一）工作责任感的低能化

小伙的“懒惰”是造成案例三悲剧的罪魁祸首，在思想上，这名小伙能够意识到自己到已婚的年纪需要婚房、彩礼等，但因为自己的现实状况与理想目标存在较大的差距，自己打拼后得到的结果与预期差距较大，于是产生懒惰心理，导致行动力不足，执行力明显降低，由于受不了工作中困难和挫折的打击，就在现实的蹂躏中彻底放弃自我。为逃避自己挣钱打拼这一现实，他一味向父母索要，可见在潜意识中他能够明白自己的责任应是挣钱养家，只是不愿承担起这份责任，选择麻痹自己，逃避现实。类似的例子在当代大学生的生活中也较为常见，步入工作后，大多数人对自己现有的工作存在抱怨和不满的心理，试图跳出自己不喜欢的圈子，或是抱着得过且过、随波逐流的态度生活，以有收入能糊口为目标，而放弃了自己的理想追求，将终生学习的观念和社会责任感抛之脑后。工作责任感不仅仅是在自己的岗位上努力挣钱养活自己，更重要的是扎根自己所从事的领域，深入钻研，不以兴趣为追求，而是在追求中发现兴趣、承担责任。

（二）责任感意志的贫弱化

“意志”是人自觉地确定目的，并根据目的调节支配自身的行动，克服困难，去实现预定目标的心理倾向。接受高等教育的大学生，在心理素质和知识储备上都具备了一定的基础和判断力，因此或多或少都能明确自己的责任感，往往难以做到的是“持之以恒”。心理学研究表明：动机强度与工作效率之间呈现倒“U”形曲线，个体应持高强度动机完成简单任务，应持偏低强度动机完成困难任务，由此效率便可达到最佳水平。努力的过程中会遇到停滞不前的瓶颈期，这时没有得到外界的助力引导和恰当动力强度的驱使，工作效率出现下降，个体产生了自我质疑的心理，便会导致“躺平”心理的出现，弱化自己的社会责任感，降低自己的个人追求和生活质量，从而进入得过且过、随波逐流的状态。

四　合理参“卷”，拒绝“躺平”

大学生社会责任感体现在“知、情、意、行”四个方面：在成长的过程中，需要家校联动配合，共同帮助学生树立责任感的意识和认知；随着年龄的增长，个人经验不断丰富，形成个体独特的价值观，大学生需要在正确的引导下，厘清自己作为社会成员不同角色的责任担当；在奋斗的征途中，个人需要得到集体力量的支持和鼓励，形成群体责任意识，坚定自己的意志，才能走得更远；“知行合一”是落实社会责任感的重要原则之一，用实际行动将自己所学所得转化为成果，并发挥最大价值，达到社会责任感所蕴含的终极目标。大学生群体应发挥儒家精神中积极进取的学术态度，合理参与到积极“内卷”中，主动承担自己的社会责任；当面对困难和挫折时，不妨暂时停下前行的脚步，以端正的心态和坚定的意志迎接挑战，跟上集体奋进的步伐，勿让自己在“躺平”中遗忘社会责任感。

（本案例由周慜同学提供）

案例八

响应时代号召　共筑中国梦　青年勇担当

习近平总书记在“七一”讲话中强调“新时代的中国青年要以实现中华民族伟大复兴为己任，增强做中国人的志气、骨气、底气，不负时代，不负韶华，不负党和人民的殷切期望”，对新时代中国青年在新征程上的新使命作了明确要求。一代人有一代人的使命，在中华民族最危险的时候，一批批青年觉醒，探寻救国之道，李大钊曾在《晨钟报》创刊号上写道“国家不可一日无青年，青年不可一日无觉醒”，正是一代青年的觉醒意识，使他们谋求民族之希望、国家之前途。

中国是一个历史悠久的国家，几千年的文明铸就了中国人民坚忍不拔的精神，中国青年更是在浓厚的文化氛围中成长，以“修身、齐家、治国、平天下”为己任，肩负国家兴衰责任。在近代国家面临内忧外患的时候，梁启超先生曾谈到“故今日之责任，不在他人，而全在我少年”，无论是在战争年代，还是如今的和平年代，中国青年的责任不是享受前人的荫惠，而是在新时代，承担起青年之责任，为中华民族伟大复兴而奋斗。在庆祝中国共产党成立100周年大会上，少先队员和共青团员宣誓“请党放心，强国有我”是新时代中国青年的庄严宣告，也展示了青年人能够也愿意承担国家富强之责任。

中国人注重家庭教育，家庭教育注重言传身教。小时候母亲就常把“责任感”一词挂在嘴边，教导我要做一个有责任感的人。在家，我是她的孩子，责任就是帮助她做家务。以后去了学校，我就是老师的学生，责任就是“好好学习，为学校争光”。一开始我认为这只是文化水平不高的母亲的说辞罢了，无非就是让我心甘情愿地帮她做家务、考个好成绩能让她脸上有光罢了，因此，我也就不以为意。然而，母亲却还是不厌其烦、苦口婆心地给我灌输着她的观念，久而久之“责任感”这颗种子也就播种在了我的心底。

尊师重教是中华民族的优良传统，而在校园中养成的良好品德，往往能够让我们受用一生。上学以后，升国旗、唱国歌是我们每周的必修课。在老师们的教导下，周总理青年时为中华之崛起而读书的伟大志向；邱少云、黄继光、杨根思等革命先辈们不畏艰难、不怕牺牲的革命精神；钱学森、邓稼先、华罗庚、于敏等科学家们大公无私、兢兢业业的奉献精神等具有强烈社会责任感的故事，我们早已铭记在心。在园丁们的细心浇灌下心底那颗种子便逐渐开始萌芽。

然而，真正使得这棵幼苗茁壮成长的是我小学班主任的故事。那是一个再平常不过的晚自习，班主任一如既往地边批改作业边给我们讲解习题，讲到难点时，我心不在焉地瞟了瞟窗外。突然间听到“砰”的一声，猛然抬头，只见班主任倒在了讲台上，同学们都被这突如其来的画面惊呆了。回过神来的我才意识到老师晕倒了，于是飞奔上去搀扶老师，顺便让同学求救于楼下的老师……不久后，老师便被救护车接走了。平静下来之后我难免有些困惑，老师常年疾病缠身身体欠佳，为何还要拼命地给我们上课呢？这对于当时的我来说，自然是不知所以。

直到那天，我才恍然大悟。那天我们在医院，不经意间听到了老师与家人的谈话。他们同样对于老师不顾病情坚持上课而感到百思不得其解，但老师的回答让人无从辩驳，她说：“我是人民教师，国家培育了我，我无以为报，唯有做好我的本职工作。孩子们都是祖国的未来，我多教授一点知识，孩子们也许就能为国家和社会多作一点贡献，所以辛苦一点是应该的，哪怕累死在讲台上我也愿意。”老师那么微弱的声音，却那么的铿锵有力，如雷贯耳，深深地敲击着我们的心灵。那一刻我才感到原来报效国家、回报社会的“社会责任感”并不遥远，就在我身边。

责任感体现在对真善美的积极主动的追求里，当责任不再是一副无形的枷锁，而是化为一种纯粹的忘我追求时，就会有一种发自内心的力量敦促我们前行，也因有了这份责任感，人们才能摆脱平庸与浑浑噩噩，从不平凡走向伟大。

从这之后，我心中那棵“社会责任感”之树在班主任事迹的滋养下茁壮成长。在家里，我更加积极主动地帮助母亲和其他邻居做力所能及的事，赢得邻居们的一致夸赞。在学校，我更加刻苦努力，时刻提醒自己国家建设需要我，中华民族复兴需要我。到了大学时，我的社会责任感愈发强烈，多次参加志愿者活动，践行我的社会责任观。长久以来养成的责任感在我参加工作期间，也给予了我很大的帮助，使得我一次次地圆满完成了工作任务，实现了自己的价值。比如，在缅甸工作期间，闲暇时间我都会组织或参加助人为乐献爱心的慈善捐助帮扶活动，多次参加“丝路伙伴国际志愿者联盟（SAC）”，到仰光当地的孤儿院等地捐款捐物、向当地儿童宣传中缅友好的故事等。

此外，针对缅甸受灾时出现物资短缺的情况，我深刻意识到作为缅语学习者，我应该争做中缅友谊的桥梁，应主动履行使命，承担起社会责任，参与到爱心公益的温暖之路上，构建两国民心桥。所以我义不容辞地发起捐赠活动，筹集捐款和物资，向缅甸仰光警察总局、仰光妇女儿童基金会等部门捐赠了大量物资，获得了一致好评，增进了中缅友谊。

如今我来到继承了西南联大精神的云南师范大学，西南联大的莘莘学子与教授是我的榜样，雨声扰课，他们静坐听雨，空袭轰炸，他们在防空洞中孜孜不倦，所做的一切都是为有朝一日能以己之学，报效祖国。伟大的西南联大精神深深感染着我，进一步激发出了我强烈的社会责任感。

从年少时母亲的言传身教，到上学时学校里的耳濡目染、班主任带病坚持上课的以身作则，再到后来无数次参与志愿者活动的亲身实践，“社会责任感”早已深深刻在了我的心底，成为我一直以来的坚守。一代人有一代人的使命，一代人有一代人的责任。作为新时代中国青年，要担当时代责任，具备较高的社会责任感和使命感。青年应当确立宏伟志向，坚持远大理想。为了实现自己的志向和理想，必须培养自己的恒心与毅力，不怕困难，百折不挠，勇往直前。增强“四个自信”，挺起民族的脊梁，做伟大时代的参与者、贡献者。“青春须早为，岂能长少年。”青年人要有理想信念追求，在新时代，肩负民族复兴的责任，踏步前进。

（本案例由左正恒同学提供）

案例九

保护青山绿水是云南高校大学生的一项特殊使命

2021 年，是一个特殊的年份。这一年，是中国共产党成立一百周年；是全面开启现代化建设新征程的开局之年；也是我进入云南师范大学学习的第一年。大学生要承担许多社会责任，有些责任或许离我们太远，有些或许在短时间内还无法做到。身处彩云之南，身为新时代的大学生，保护生态环境是我们力所能及的事情，也是我们触手可做的事情。

一　保护生态环境是大学生的一项责任

亲触云南这片大地时，给了我不一样的体验和感受。首先，是感官上的体验。云南，或者准确地说昆明，她让我在炎炎的夏日感受到了丝丝凉爽，让我在本是严寒的冬日感受到了暖暖的日光。新奇的是，这里的银杏在十一二月才是最美的时候。南国的秋冬和北国大有不同，她来得好像有点晚、有点慢，像一个娇羞的姑娘，迟迟不肯露面，让你等得有些着急。然而等她出现后，这一切的等待只能用“值得”去惊叹她带给你的欣喜。冬日，在北方很多地区是寂寞的、枯萎的、凄凉的。可这个季节好像专为云南设置，让这片地貌丰富的土地绽放出新的生命。云师大校园里有些花朵偏偏在这个冷冷的冬日绽放，白的、粉的争先恐后地开放。温暖的气候，也让西伯利亚的红嘴鸥都不远万里赶来。在这里度过它们幸福的一段时光。你一定好奇，没有海，海鸥飞过来住在那里，吃些什么。没来云南之前，我如果听说海鸥来到云南，也会十分好奇它们如何生存。这里有美丽的滇池，有宜人的气候，还有善良的人们。它们的到来给这个地处西南地区的城市带来了生机，也给当地的人们带来了很多欢乐，人们自然也不会吝啬手中的面包和粮食。如果不是亲眼看见，我无法想象人和自然原来也可以如此和谐地生存。

其次，是实践上的体验。2021 年 10 月，《生物多样性公约》缔约方大会第十五次会议在中国云南昆明举行。大会的主题是："生态文明——共建地球生命共同体。"这次会议受到了党和国家领导人的高度重视。会议旨在倡导推进全球生态文明建设，强调人与自然是生命共同体，强调尊重自然、顺应自然和保护自然，努力达成公约提出的到 2050 年实现生物多样性可持续利用和惠益分享，实现"人与自然和谐共生"的美好愿景。身为云南高校的一名大学生，我切身感受到了自然与我、生态与我，是那么的近。会议地址与云师大仅仅几十公里，如此近距离让我不自觉地关注会议的进程与内容。本次会议中无处不见云南高校大学生的身影。他们不仅仅为会议的顺利召开默默努力付出，同时也在为生态、为人与自然和谐共处奉献自己的一份力量。

党的十八大以来，以习近平同志为核心的党中央把生态文明建设纳入中国特色社会主义事业"五位一体"总体布局，高度重视生态文明建设。2005 年 8 月 15 日，时任浙江省委书记的习近平在浙江安吉县余村调研时，首次提出了"绿水青山就是金山银山"的重要论述。2015 年 1 月，习近平总书记来到云南大理市古生村了解洱海生态保护情况，他强调"经济要发展，但不能以破坏生态环境为代价。生态环境保护是一个长期任务，要久久为功。一定要把洱海保护好"。习近平总书记强调"要像保护眼睛一样保护生态环境，像对待生命一样对待生态环境"。可见，保护生态环境是一件极为重要的大事。作为云南的大学生，我们有义务有责任去守护我们的地球家园，这也是党和国家赋予我们的一项特殊使命。

二　保护生态环境的举措

大学生的社会责任感不是一蹴而就的，也不一定要做出惊天动地的大事。而是要从点滴做起，从细微做起。在生态环境保护上，大学生可以从思想和行动两方面着手，逐步增强自己的社会责任感。

（一）加强生态保护意识

自然，是一切生命之母。一切生命都是由大自然孕育而出的，人类也不例外。对待赋予我们生命的母亲，我们要善待她，关爱她。自然母亲不仅给了我们生命，还给了让我们得以继续生存的物质资料。我们向大自然索取物质时，要遵循大自然的规律，做到取之有道，用之有度。

社会不断发展，物质不断丰富，新时代的大学生是在幸福的蜜罐中成长起来的。勤俭节约、艰苦朴素的观念仿佛离我们越来越远了。铺张浪费不仅有损个人品德修养，还会对我们的生态环境造成不必要的影响和破坏。大学生树立保护生态环境的意识，首先要从自己做起，把保护生态环境时刻放在心上。

云南具有良好的生态环境。丰富的地貌和宜人的环境、气候，也在一定程度上为它的生物多样性提供了坚实的基础。大自然馈赠给云南一份大礼，保护当地的生态环境，不仅是当地人的责任，更是我们云南大学生的责任。大自然是慷慨的，你赠予它的一切，待时机成熟之时，它必定会反馈给你一份意外之喜。

云南是全国植物种类最多的省份，被誉为“植物王国”；云南的动物种类数量也是全国之冠，素有“动物王国”之称。这些称呼不仅仅是荣誉，也在提示着我们身上的责任有多重。在这样一个物种极为丰富的地区读书，也鞭策着我不断主动了解从未见识过的物种，学会与它们和谐共处。树立生态保护意识，是云南大学生保护青山绿水的第一步，同时也是必要的一步。

（二）践行生态保护行动

马克思主义的自然生态观强调人与自然的和谐关系，劳动或者实践活动在人和自然之间起着重要的中介作用。马克思认为，人类社会存在与发展的基础是物质，生产劳动将人与自然紧密联系起来，早期物质生产活动就是人与自然之间的物质交换过程。生产实践是检验认识真理性的唯一标准，认识是从实践中来的，最终还要回到实践中去。树立生态保护的意识，最终是要在实践中执行下去的。大学生践行生态保护行动，落实“青山绿水就是金山银山”的理念，可以从自己现有的能力和资源条件出发。

大学生是知识分子的一员。努力学习，搞好科研事业，同样也可以为我们的生态环境奉献自己独特的力量。用所学知识把治理生态环境路上的绊脚石清理掉，为祖国的生态环境保护行动添砖加瓦，共同保护好我们的地球家园。

（本案例由吴晓菲同学提供）

案例十

执一念盲从，恐负尽韶华

——以极端粉丝为例浅论高校社会责任感培育的困境

青春是“草长莺飞二月天，拂堤杨柳醉春烟”的年华美好，青春是带着“倚门回首，却把青梅嗅”的甜蜜，青春是会走过“雾失楼台，月迷津渡”的困惑，但“少年负壮气，奋烈自有时”。少年时唤起“一天明月，照我满怀冰雪”；少年时“算平生肝胆，因人常热”。

这是撒贝宁在主持《经典咏流传》时的开场白，也是我眼中青春应该有的模样，更是社会责任感之于青春阶段最好的独白。大学，是青春中最重要和精彩的时代；大学，代表着一个人生理和心智上的全面成熟。古有“修身齐家治国平天下”，然而如今，部分大学生却反其道而行之。不久前，英雄联盟中国战队EDG夺得了世界总冠军，全国各地大学生中的电竞粉丝奔走相庆。然而其中却有一部分极端粉丝，做出了许多不可思议的事情，裸奔、跳楼，种种行径不堪入目。对于其行为，最好的评价就是：“毫无社会责任感。”他们引领着或者说暴露了一种错误的社会风气。这种风气，也正是当代大学生社会责任感培育所面临的困境之一：对于偶像的盲目崇拜。

我理解偶像崇拜，但反对盲目。对于大学生来说，有一个或多个喜欢的明星再正常不过。面对繁重的学业、复杂的人际关系、愈发严峻的就业形势，学生们需要寻找一个精神寄托，而偶像崇拜恰好填充了这一空白，一位优质的偶像可以成为学生学习的动力。停留在精神层面的偶像崇拜也无可厚非，学习其某一方面的优秀品质，或是努力提升自己，向偶像的方向前进，将偶像精神内化于心，外化于行。这样双赢的事情，我们自然是乐见其成的。然而盲目的崇拜，有百害而无一利。

盲目的偶像崇拜，首先导致的就是将个人利益置于集体利益之上，显然这是一种极度缺乏社会责任感的表现。一些不理性的粉丝为了争取所谓的利益，置国家、民族利益于不顾，置他人合法权益于不顾，恶意攻击、诋毁他人，且大多是有组织、有目标的集体行动，造成了十分恶劣的社会影响。而部分大学生，正是这类群体中的重要成员，在一些刚刚脱离父母管束、羽翼未满的年轻人眼里，自己喜爱的明星是世界的中心，如果可以通过一些极端的行为来获得明星的关注，哪怕只是抬眼一瞥，对他们来说便死而无憾。此般荒唐且幼稚的想法和行径，最终的结果不仅是社会风气的败坏，其始作俑者更是难逃法律的制裁。

盲目的偶像崇拜，不仅可能使人深陷其中无法自拔，还会在一定程度上影响身边的人，甚至在一定范围内形成不良的风气，对此我深有体会。两年前一个剧组来我所在的大学取景拍戏，其所征用的区域被围得水泄不通，恰逢我的一位朋友受伤急需前往医院处理，而必经的道路正在被制片方征用，在与工作人员沟通后，我扶着她进入了片场，从演员身边经过。我至今记得那短短的十几秒，感叹声与谩骂声不绝于耳，我的校友们似乎对我们能够接近演员极度不满，甚至还有人叫嚣着自己也要受伤。当时我一度无法理解在堂堂高等学府会发生这样的事情。之后想来，想必又是一部分极端粉丝作怪，煽动了大多数人的情绪，从而导致场面的失控。那天我看到的不是什么帅气的男明星，而是部分大学生社会责任感的极度缺失。

前文提及的 EDG 夺冠后部分粉丝的种种疯狂行径，不仅危害公共安全、扰乱社会秩序，更是国家正在抵制的“饭圈文化”的极端表现。试想：疯狂、混乱之后会带来什么？是他人的嗤之以鼻，是自身的极度空虚。那些疯狂庆祝的极端粉丝，也许只是为了博人眼球，也许只是借此机会宣泄自己生活中的种种不满，却丝毫不考虑，其极度缺失社会责任感的行为所造成的后果。

我在电视剧《觉醒年代》的弹幕里经常看到这样一句话："这盛世如您所愿。"诚然，生逢盛世，我们无须"一身能擘两雕弧"，更无须"挽狂澜于既倒，扶大厦于将倾"。然而，身为新时代大学生的我们，肩负着国家和民族的希望，理应以社会、天下为己任，主动承担社会责任，为实现中华民族的伟大复兴贡献属于自己的力量！

大学生代表的青春，理应是张扬着"大鹏一日同风起，扶摇直上九万里"的义气。青春意味着奋发与成长，意味着心智的成熟，意味着社会责任感的不断增强，这一切的一切，不应该、更不值得被盲目的偶像崇拜断送。无论我们行走多远，愿初心未变，胸怀天下，依旧满身花雨又归来。

（本案例由高帆同学提供）

案例十一

小爱彰显大情怀

社会责任感对于一个国家、一个民族、一个社会来说，都有着举足轻重的地位，是我们每一个人成长发展的精神根基，更是当代大学生成人成才所必备的基本品质。对于当代大学生来说，社会责任感既是学习和传承孝敬长辈、关爱幼小的良好家风家训，也是养成和践行尊师重教、真诚待人的优良道德风范，更是树立和培养热爱祖国、勇于担当的强烈家国情怀。

“家是最小国，国是千万家”，在我们这个小家中代代传承着“待人诚而厚，做事实而和”的家风。

外公外婆去世得早，我对二老的记忆更多地来源于逢年过节时，静静地聆听亲戚长辈围坐在老房子堂屋里叙说的从前的故事。

我家的老房子，院里有棵枣树，每年的枣都有种独特的香甜，我们回老家第一件事就是去老房子里打枣。这棵枣树自外祖一辈建成老房子时便栽下，象征了外祖他们的辛勤耕耘，陪伴了母亲、舅舅和姨妈长大成人，见证了我们家的代代相传。

自母亲记事起，外公外婆就没为什么事或人红过脸、吵过架，母亲一辈的兄弟姊妹之间也友爱和气，从未有过争执打闹，家里家外大大小小的琐碎之事，外祖他们总是齐心协力、相互商量。对亲戚朋友，无论贫富，均是尊在前；对待左邻右舍，无论亲疏，也是礼在先。因此，外祖二老在十里八乡都非常受人敬重，乡里乡亲都会称赞一句“老王家”。外祖父一辈有兄弟姐妹六人，外祖父的大哥在战争时期，从小离家参军，后来几经周折落脚台湾，但一直未归故里，这一直是外祖父心中的结。所以，作为二哥的外公对于在家中的三个弟弟十分照顾，一路扶持到成家立业，大大小小的事情尽心尽力帮扶，几位长辈的子女对外祖二老也是满心敬重。我们这一大家每次吃饭最少都在二十人以上，家里长幼有序、和睦共处。

到了母亲这一辈也有兄弟姊妹六人，四个在外工作，外公送他们到工作单位上班的第一天，总是会说同一句话："在家事无输赢在和，在外事无巨细在心。"母亲说，她每次无论是工作还是生活中遇到不顺心的事时，跟外祖他们诉说，二老总是静静地听完后问一句："你有没有做错什么？"有时母亲不解，询问外祖父为什么这么问？外祖父总是说"帮理，不帮人"。

外祖他们言传身教给予了母亲、姨母、舅舅"诚心待人，用心做事"的个性和品质。大舅现居老家，母亲说大舅最像外祖父，大舅为人敦厚实诚，老家有位姨外婆，家中的子女未能成气候，赌博欠债、疾病缠身、婚姻不顺，姨外婆在前两年还患上了老年痴呆，大舅对于他们一家能帮就帮，借钱出力、严肃教育、照顾老人，近几年姨外婆的子女未能在她身边养老尽孝，均是大舅在照料。几位姨妈也将各自的家庭打理得融洽和睦，各自的子女也纷纷成家立业，在各自的位置收获了很多，不说有多大富大贵，但都是和睦有爱的小家。

外祖一辈所传承、教育的家风家训，彰显了中华民族传统的家国情怀，相互尊重、以和为贵才会更加凝聚人心。真诚实意、互帮互助才能更好发展。重礼重理、一丝不苟才可以持续稳定。我非常感恩父母对我的教育，延续了外祖的家风家训，我也一直用"诚心待人，用心做事"来规范和要求自己。我想，在未来的个人发展中，我定会努力勤勉，用心耕耘，为实现中华民族伟大复兴的中国梦贡献自己的一份力量；在生活中，当我有了自己的家庭和子女时，我也一定会秉持"和睦、尊重、有爱"的观念去建立我的小家，用"待人诚而厚，做事实而和"的家风家训去教育我的子女，让他们成长为坚定、上进的人，成为对社会、国家有用的人。

现在，老房子虽然没有住人了，但它被我们小辈赋予了新的时代元素，变成了我们微信家族群的昵称，它是我们共同的话题，共同的牵挂，共同的传承。现在只要“老房子”里有什么事情，无论大家身在何处，都会集思广益，一起想办法、化解困难，会相互调侃，会相互记挂和鼓励……

“阶前枣树应摇落，此夜清光得几多。”院里有棵甜枣树的老房子，经历了岁月的洗礼，依旧铜瓦板板，古朴静美，是我们的来处，更是让人心安、满怀温情、念念不舍的归宿。

（本案例由龚洛冰同学提供）

案例十二

立德树人做表率，联大学子勇担当

古语有云："为学须先立志。志既立，则学问可次第着力。立志不定，终不济事。"一个人的理想越远大，对历史使命认识越深刻，社会责任感就越强烈，也就越能集中自己的力量和智慧为实现推动社会发展的目标而奋斗。要理解什么是"社会责任感"，就得先知道什么是"责任"。"责任"在《辞海》中有这样的解释："应尽的义务，份内应做的事"，由此可知，责任就是人在社会中所担当的角色，所承担的职责和任务。"社会责任感"是在"责任"的基础上加以升华，指社会成员在自觉主动地完成自己的分内之事后，主动承担起社会其他任务，这是一种精神的升华，是道德层面的责任。当自己的利益与国家的利益发生冲突时，要主动放弃自己的小利，以社会、国家、民族的利益为重。

青年是祖国的未来，民族的希望。当代大学生是国家耗费众多人力物力财力为中华民族伟大复兴、中国特色社会主义现代化建设而培养的高学历人才。进入新时代，面对国际国内复杂多变的严峻形势，大学生是否能树立起坚定的理想信念，肩负起艰巨的时代任务，扛起更大的社会责任，成为摆在高校教育工作者面前的一道现实命题。

中国人民是崇尚正义、不畏强暴的人民，中华民族是伟大的民族，是具有强烈民族自豪感和自信心的民族。我们青年人是有着强烈使命感和勇于担当责任的热血青年。在抗战中众多西南联大的学子挺身上战场，有"八百学子去从军"的舍生忘死，他们与国家同呼吸共命运，承担起了那个时代的历史使命。也有在新中国成立后为了中华民族的崛起作出重大贡献的科学界前辈，以杨振宁、李政道、华罗庚等为代表的校友不屈不挠，坚持为民族复兴而读书。作为西南联合大学留在云南的唯一血脉，云南师范大学继承和发扬了西南联大的刚毅坚卓、爱国团结、自由民主、思想创新的精神品质。进入新时代，云南师范大学秉承“刚毅坚卓”的校训，继续培育当代青年良好的精神品质，为国培养建设社会主义现代化强国所需的栋梁之材。

当好新时代联大人，就要立志以学报国。“非学无以广才，非志无以成学。”中国历史上著名的政治家、军事家诸葛亮在教育自己的孩子时指出学习和志向是联系在一起的。学习是成长之源、成长之道，只有将理论与实践有机结合起来才能使社会得到更好的发展。我的学长祁永超就是这么一位立志将思想政治教育理论与实际相结合的研究者，作为思想政治教育专业研究生，他曾经说过：“对于思想政治工作的研究，现在并不缺少聪明的头脑，而是缺少全身心投入的热情。”这份热情在他研究生期间体现得淋漓尽致，为了更多地学习知识，祁永超学长每天都是7点20分出门去图书馆，到22点30分回宿舍，不管刮风下雨都坚持到图书馆学习。祁永超学长每天在图书馆学习的位置都不变，就在图书馆自习室大厅，虽然人来人往环境嘈杂，但学长认为“板凳须坐十年冷，文章不写半句空”。科研人应该守得住寂寞，耐得住孤独，嘈杂的环境不会对研究的结果造成影响。他时刻紧跟党中央步伐，2014年习近平总书记提出“中华民族共同体”的重大论断，对于民族学有一定研究并且感兴趣的他将民族学有机地融合到思想政治教育研究中，先后发表《云南佤族播种节的思想政治教育资源开发利用研究》《广西“壮族三月三”民族节日的思想政治教育功能研究》《佤族国家认同意识的演化探究》《佤族传统伦理道德的现代化转型研究》等十余篇论文，为中华民族共同体意识研究做出了自己的努力。是什么让学长能如此坚持？祁永超学长经常挂在嘴边的话回答了这个问题：“‘三更灯火五更鸡，正是男儿读书时。’每个人都有自己的价值，我们要对自己负责，更要对社会负责。只有不断地去努力，将个人理想与社会发展联系在一起，才能实现自己的人生价值，我们云南师大人作为西南联大在云南唯一的血脉，更要努力学习，将青春的汗水洒向学术的殿堂。”

当好新时代联大人，就要走出学校学会奉献。“寄意寒星荃不察，我以我血荐轩辕。”对待自己的祖国、人民，中国近代著名作家鲁迅是这样要求自己的，我身边也有这样的青年。2019 年 8 月起，云南师范大学第五届研究生支教团在鲁甸县龙泉中学开展了为期一年的支教扶贫工作，我的同学骆鑫就是研究生支教团团长。对骆鑫进行访谈时，他给我说了一个故事：当时进入班上，有一个初一的女孩让他印象特别深刻，这个女孩十分内向，不善于与人交流。长时间的接触让骆鑫认识到这个女孩缺乏引导，于是骆鑫在课下对她进行开导，安排她担任课代表，鼓励她加入学生会，并让她担任了校史展厅的讲解员，她第一次给校外参观者讲解“8・03 地震”的故事时声情并茂，让参观人员感动落泪。骆鑫说这个女孩从一个内向的孩子到后来能够不怯场地对外宣讲，对她人生的改变是巨大的。研究生支教团到了鲁甸县龙泉中学后，队员们结合自身特长开设了丰富多彩的社团活动，成立了鼓号队、国旗班、校园宣讲团和云音社 4 个学生社团，之后又陆续成立了 12 个学生社团。有许多的学生在参与社团时发现自己的长项，甚至有一位同学在参加举重社团后被云南省体校提前选拔出来在昆明参加集中训练。他对骆鑫说自己要努力训练，目标是参加奥运会为国争光。骆鑫说自己一个星期要承担八个班 32 节课的教学任务，星期二要从早上一直上课到晚上 22 点 30 分，回到宿舍蒙头就能睡着，可是却不能睡，因为还要为第二天的教学工作作准备。我问骆鑫累吗，骆鑫回答：“累呀，但这不是一个老师应该做的嘛。于我而言最大的快乐就是尽自己的一份力为社会作一些贡献，如果再让我去一次，我也会再一次背上行囊。因为看着孩子们成长所获得的，成就感是无法用其他事情代替的。”研究生支教团不仅仅把知识带到了学校，更把大学中有益的社团经验带进了学校，帮助学生发现了自己的兴趣，找到了一条属于自己的路。他们毅然报名参加支教团工作，用一年的时间走出校园，站上三尺讲台，让青春散发出夺目光彩，也为山区的孩子们带去了新的希望。

当好新时代联大人，就要不忘初心，砥砺前行。“守其初心，始终不变。”宋代文学家苏轼虽然一生宦海沉浮，但他始终坚守着这两句话，为国为民的初心从未改变。我父亲就曾很严肃地和我说过：“首先，作为一名共产党员，我们的根本宗旨就是全心全意为人民服务，人民需要我们的时候，我们就要冲在一线；其次，我们作为社会的一分子就要有社会责任感，社会需要我们，我们就要上。你作为一名大学生，而且是一所有光荣传统的学校的学生，更应当承担起社会责任，为人民的利益站出来。”父亲对我的教育一直萦绕在耳边。

当好新时代联大人，就要坚守职责，勇担使命。“天下兴亡，匹夫有责。”著名学者顾炎武认为每一个人都对国家的兴亡负有责任。当代青年除了要对社会、对他人有奉献精神，更重要的是要对国家有贡献精神。当代青年为国奉献的一种重要方式就是参军报国，我的学弟李有归就是一名光荣的人民解放军退役士兵。他于 2016 年 9 月进入部队，2018 年从部队光荣退伍。在服役期间先后获得“火箭军某比武优秀奖”、自动步枪射击第一名，两次荣获“优秀义务兵”称号并担任新兵班班长。对于部队服役的经历，尤其对于刚进入部队时的新训，他记忆犹新：“第一次跑三公里，绕圈跑六圈就能结束，但是我才到第四圈就跑不动了，我在终点等着他们回来后，看到他们的喜悦，我就下定决心，既然来当兵，那就不要怕苦怕累，一定要争第一！”随后李有归抱着这份壮志更加艰苦训练，在之后的比武中各项成绩逐渐靠前，三公里考核也能够在十分钟内完成。在服役的这段时间里，他们都流过血流过汗，李有归说最想家的时候莫过于节假日夜里站岗，看着那万家灯火，心里是十分孤寂的。那是什么让他坚持站岗呢？李有归说：“因为我们身上穿着军装，军装代表着国家，我们不能在老百姓面前丢了国家、部队的脸。身上穿着军装，就肩负着责任。正是因为有我们在，那万家灯火才能分外通明，每当想到这儿，心中的自豪感、责任感油然而生。习主席对部队的训令，领导对我们的教育，班长对我们的爱护，一层一层，锻造了我对党、对国家、对社会主义、对人民的忠诚与信仰。党领导的人民军队，绝对忠诚于党，我也绝对忠诚于党和部队。”在部队，李有归学会了集体间的互帮互助，学会了对国家、对社会的责任，访谈最后他对我说：“我们肩上都扛着各自的使命，而我的使命就是经过血与火、泪与汗、生与死的考验，这就是我们军人！虽然目前我已退伍返校学习，但如果国家有需要，我一定返回部队，将自己所学奉献给国家、奉献给部队。”

习近平总书记指出："思政课是落实立德树人根本任务的关键课程，思政课作用不可替代，思政课教师队伍责任重大。"虽然有很多的先进典型人物，但不容忽视的是当下也有一部分大学生陷入迷茫，害怕承担责任，漠视自己的义务。针对这些问题，加强思想政治教育，培育大学生社会责任感就显得必不可少。今后的学习教育中更要注重社会主义核心价值观的培育，建立社会、学校、家庭"三位一体"的社会责任感培育机制，形成榜样人物和事迹的宣传机制，以此来培育大学生的社会责任感。

习近平总书记指出："未来属于青年，希望寄予青年。一百年前，一群新青年高举马克思主义思想火炬，在风雨如晦的中国苦苦探寻民族复兴的前途。一百年来，在中国共产党的旗帜下，一代代中国青年把青春奋斗融入党和人民事业，成为实现中华民族伟大复兴的先锋力量。新时代的中国青年要以实现中华民族伟大复兴为己任，增强做中国人的志气、骨气、底气，不负时代，不负韶华，不负党和人民的殷切期望!"年轻一代是国家的未来、民族的希望，加强青年社会责任感的培育是对国家的负责，是对民族的担当。

"少年强则国强，少年智则国智，少年自由则国自由。"作为新时代青年，作为西南联大在云南的唯一血脉——云南师范大学的学生，我们有责任更有义务肩负历史和民族的重托，担当社会责任，为实现中华民族伟大复兴的中国梦而砥砺前行，"不负青春，不负韶华!"

（本案例由伍林彧杰同学提供）

参考文献

一　专著类

包雅玮、程雪婷:《青年大学生社会责任感培育研究》，中国社会科学出版社2018年版。

曹兰胜:《道德教育对生活世界的疏离与回归》，中央编译出版社2019年版。

丁文敏:《大学生责任教育概论》，山东人民出版社2012年版。

方熹:《道德教育的哲学理路》，中国社会科学出版社2019年版。

郭金鸿:《道德责任论》，人民出版社2004年版。

景时春:《民族教育学》，甘肃教育出版社1991年版。

刘峰:《当代大学生社会责任感培育实证性研究》，中央编译出版社2019年版。

刘世保:《责任教育研究与指导》，北京理工大学出版社2011年版。

吕晓滨:《有一种责任叫教育》，吉林出版集团有限责任公司2012年版。

戚万学:《道德教育的文化使命》，教育科学出版社2010年版。

戚万学:《现代西方道德教育理论研究》，人民教育出版社2020年版。

余绪新:《权利与义务　权力与责任》，中国政法大学出版社2014年版。

王鉴:《民族教育学》，甘肃教育出版社2011年版。

魏进平:《全国大学生社会责任感调查报告》，中国书籍出版社2015年版。

谢军:《责任论》，上海世纪出版集团2007年版。

杨晓华:《大学生社会责任感培育路径研究》，上海交通大学出版社2020

年版。
袁毅：《责任·自律》，武汉大学出版社2012年版。
张健：《培养有责任感的孩子》，清华大学出版社2014年版。
邹绍清：《当代思想政治教育方法论发展研究》，人民出版社2013年版。
[德] 康德：《道德形而上学原理》，苗力田译，上海人民出版社2002年版。
[法] 吉尔·利波维茨基：《责任的落寞：新民主时期的无痛伦理观》，倪复生、方仁杰译，中国人民大学出版社2007年版。
[美] 汉娜·阿伦特：《责任与判断》，陈联营译，上海人民出版社2011年版。
[美] 希科恩、洛佩茨：《开启学生的心灵——帮助学生建立尊重与责任感》，杨韶刚译，中国轻工业出版社2002年版。

二 期刊类

艾楚君：《大学生社会责任感的时代内涵及其培育路径——基于60位全国大学生年度人物先进事迹的文本分析》，《思想理论教育》2018年第8期。
白楠楠：《基于人的社会化理论培养大学生的社会责任感》，《黑龙江高教研究》2018年第1期。
毕丽娜、李忠华：《志愿者活动在提升大学生社会责任感中的作用》，《人民论坛》2014年第2期。
陈乃车、唐闻捷：《医学院校学生社会责任感的培育路径——以温州医科大学为例》，《教育研究》2016年第2期。
陈树文、蒋永发：《红色文化在大学生社会责任感培养中的价值与实现》，《思想教育研究》2017年第1期。
陈树文、林柏成：《新时代做好大学生社会责任感培养工作的四个维度——以习近平的青年思想政治教育工作理论为指导》，《思想理论教育导刊》2018年第2期。
陈思静、马剑虹：《第三方惩罚与社会规范激活——社会责任感与情绪的作用》，《心理科学》2011年第3期。

崔成前:《基于核心价值观的大学生社会责任感培养路径研究》,《江苏高教》2018 年第 8 期。

崔乃鑫:《大学生社会责任感缺失的原因和教育对策》,《现代教育管理》2010 年第 5 期。

丁利锐、周秀菊、杨青:《社会建设视阈中大学生社会责任感培养研究》,《学校党建与思想教育》2013 年第 3 期。

方传安:《社会主义核心价值观视域下大学生社会责任感教育》,《思想理论教育导刊》2015 年第 8 期。

郭丹、郑永安:《情绪智力对大学生社会责任感的影响研究》,《高教探索》2020 年第 2 期。

郭凯、陆雷娜、况志华:《国内外关于大学生社会责任感研究进展与趋势》,《中国教育学刊》2015 年第 1 期。

郭清:《社会主义核心价值体系引领下大学生社会责任感的培养》,《思想教育研究》2013 年第 2 期。

韩雅丽:《社会主义核心价值观视域下大学生社会责任感培育路径探析》,《国家教育行政学院学报》2015 年第 12 期。

侯定凯:《基于合作学习培养大学生责任感》,《高教发展与评估》2018 年第 1 期。

侯锡铭:《立德树人视野下的大学生社会责任感》,《中国青年社会科学》2017 年第 2 期。

侯锡铭:《校园文化视阈下大学生社会责任感培育研究》,《学校党建与思想教育》2017 年第 8 期。

胡海山、杨爱东:《社会转型期大学生社会责任感培养与实践养成探析》,《国家教育行政学院学报》2017 年第 3 期。

黄四林、韩明跃、张梅:《人际关系对社会责任感的影响》,《心理学报》2016 年第 5 期。

贾启君、王莹、原续波:《谈与专业教育相结合的大学生社会责任感培养》,《中国高等教育》2014 年第 17 期。

金一斌:《着力提高大学生的社会责任感》,《中国高等教育》2010 年第 2 期。

兰婷、赵明伟：《墨子道德教育思想对大学生社会责任感培育的启示》，《思想教育研究》2014年第9期。

李宝敏：《核心素养视域下综合实践活动课程实施现状与对策研究》，《教育发展研究》2016年第18期。

李北群、王欢：《志愿者活动与大学生社会责任感培养》，《学海》2015年第6期。

廖志成：《和谐社会视野下加强大学生政治责任感培养的思考》，《思想理论教育导刊》2010年第3期。

林辉：《简论社会角色视阈下大学生社会责任感的培养》，《学校党建与思想教育》2014年第12期。

刘川生：《社会责任感是创新型人才成长的核心素质》，《中国高等教育》2012年第10期。

刘峰：《论新时期大学生社会责任感培养》，《思想政治教育研究》2014年第5期。

刘峰、宋悦：《大学生社会责任感问题探析》，《思想理论教育导刊》2014年第11期。

刘微微、盖元臣：《论新时期大学生的社会责任意识》，《学术交流》2012年第4期。

刘洋、李建宁：《论中国传统孝文化对大学生社会责任感培养的价值》，《教育理论与实践》2018年第6期。

吕贝贝、张飞雄：《从疫情防控看生物学教学中社会责任感的培养》，《中国教育学刊》2020年第4期。

罗蕾、明桦、田园、夏小庆、黄四林：《父母教养方式与大学生社会责任感的关系：自我控制的中介作用及其性别差异》，《心理发展与教育》2018年第2期。

罗文涵：《利益相关者视角下的大学生社会责任感培育路径探析》，《黑龙江高教研究》2014年第5期。

潘琪、史冬波、蓝煜昕：《研究生社会责任感的内涵及影响因素研究——以清华大学为例》，《研究生教育研究》2015年第4期。

彭文英：《论大学生的社会责任感及其培养途径》，《教育与职业》2011

年第 15 期。

秦涛：《“90 后”大学生思想特征分析与教育引导对策研究》，《思想教育研究》2015 年第 5 期。

邱伟光：《青少年学生社会责任感的培育和养成》，《思想理论教育》2013 年第 18 期。

沈自友、罗友晖、高春娣：《从大学生网络政治参与看社会责任感的培养》，《思想教育研究》2014 年第 5 期。

隋璐璐、王洛忠：《在大学生中培育和践行社会主义核心价值观的路径探析》，《思想教育研究》2014 年第 2 期。

孙婷婷：《论大学生责任教育的时代价值》，《思想教育研究》2010 年第 10 期。

谭劲松、吴霁乐：《把握研究生特点增强思想政治教育的有效性》，《思想教育研究》2010 年第 3 期。

唐亚阳、杨超：《公益创业教育：大学生社会责任感培养的新抓手》，《国家教育行政学院学报》2015 年第 10 期。

唐亚阳、杨超：《社会主义核心价值观视域下当代大学生社会责任感培养研究》，《思想教育研究》2014 年第 6 期。

王白丽：《大学生社会责任感培养探微》，《学校党建与思想教育》2016 年第 20 期。

王永明、夏忠臣：《论社会责任感的内涵》，《人民论坛》2013 年第 5 期。

魏海苓：《当代大学生社会责任感特征及影响因素分析——基于广东高校的实证调查》，《现代大学教育》2014 年第 1 期。

吴帆、陈岸涛：《场域分层：大学生责任感缺失与培养论略》，《黑龙江高教研究》2014 年第 8 期。

辛治洋：《班级参与：学生社会责任感培育的有效途径》，《教育科学研究》2020 年第 4 期。

徐烈：《大学生社会责任感的价值、属性与培养策略》，《思想理论教育》2016 年第 4 期。

杨茹、丁云、阚和庆：《大学生社会责任感的内涵、理论基础及现实意义探析》，《思想理论教育导刊》2012 第 11 期。

杨业华、符俊：《十八大以来习近平的青少年思想道德教育思想探析》，《中南民族大学学报》（人文社会科学版）2015 年第 2 期。

杨之毛：《大学生社会责任感教育中的误区及对策》，《学校党建与思想教育》2011 年第 3 期。

易梅、田园、明桦、黄四林、辛自强：《公正世界信念与大学生社会责任感的关系：人际信任的解释作用及其性别差异》，《心理发展与教育》2019 年第 3 期。

余国林：《发达国家高校隐性思想政治教育的启示》，《河北师范大学学报》（教育科学版）2010 年第 10 期。

张红文、姜江：《基于社会性别视角的当代女大学生社会责任感培养》，《求索》2016 年第 12 期。

张秋建：《发达国家大学生就业服务体系的研究及启示》，《高校教育管理》2010 年第 3 期。

张童童、田宁：《网络文化对 90 后大学生价值观的影响及对策探究》，《民族教育研究》2012 年第 3 期。

张伟娟：《刍论完善志愿服务活动与培养大学生社会主义核心价值观》，《理论导刊》2014 年第 8 期。

赵迎欢、吴峰、刘莉、董晓丽、董琳琳：《“当代大学生特点及环境影响”研究报告》，《思想理论教育导刊》2010 年第 1 期。

郑士鹏、陈树文：《青年社会责任感培养维度探析》，《中州学刊》2013 年第 5 期。

郑永廷：《学习贯彻党的十八大精神加强和改进思想政治教育》，《思想理论教育》2013 年第 1 期。

周天爽：《权力感与助人行为：社会距离的中介和责任感的调节》，《心理科学》2020 年第 5 期。

朱磊：《将“中国梦”融入大学生社会责任感教育的思考》，《学校党建与思想教育》2014 年第 5 期。

邹燕矫：《互联网对大学生社会责任感养成的双重影响及实现路径》，《湖北社会科学》2017 年第 9 期。

邹燕矫、史姗姗：《大学生社会责任感养成的网络“正能量”》，《学校党建与思想教育》2016 年第 22 期。

三 学位论文类

程雄飞：《新时代大学生社会责任教育研究》，博士学位论文，南昌大学，2019 年。
戴继天：《论研究生德育理论体系的独立构建》，博士学位论文，东北师范大学，2007 年。
郭凯：《中国梦视域下大学生社会责任感研究》，博士学位论文，南京理工大学，2017 年。
李贵彬：《当代大学生社会责任感培育研究》，博士学位论文，哈尔滨师范大学，2017 年。
李尽晖：《当代大学生道德责任教育研究》，博士学位论文，陕西师范大学，2007 年。
李鹏：《社会责任感的认知神经机制研究》，博士学位论文，西南大学，2012 年。
刘建榕：《大学生社会性发展迟滞的探索研究》，博士学位论文，福建师范大学，2012 年。
刘咏芳：《新媒体环境下大学生社会责任教育研究》，博士学位论文，西北工业大学，2018 年。
吕雪梅：《中美大学新生教育中的思想政治教育比较研究》，博士学位论文，西南交通大学，2017 年。
孟凡辉：《公共性视域下大学生社会责任感的培育研究》，博士学位论文，东北师范大学，2019 年。
欧阳瑜华：《当代大学生积极社会心态培育》，博士学位论文，中国地质大学（北京），2017 年。
师晓娟：《家风对藏族大学生社会责任意识的影响研究》，博士学位论文，西南交通大学，2020 年。
宋玉路：《思想政治教育视域下的慎独教育研究》，博士学位论文，西安科技大学，2020 年。
田志鹏：《学习论视域下的大学生社会责任感培养研究》，博士学位论文，哈尔滨工程大学，2018 年。

王振宇：《新时代大学生社会责任感培育研究》，博士学位论文，中国矿业大学（北京），2019 年。

吴康妮：《当代大学生社会责任感及其培养》，博士学位论文，西南大学，2016 年。

徐丽曼：《高校思想政治教育实践育人模式研究》，博士学位论文，辽宁师范大学，2009 年。

叶丽：《当代中国青年知识分子社会意识形态引领与实践》，博士学位论文，哈尔滨理工大学，2013 年。

张兴春：《新形势下研究生思想政治教育研究》，博士学位论文，南京师范大学，2015 年。

赵玉萍：《当前高校大学生人文精神培养研究》，博士学位论文，辽宁大学，2017 年。

郑士鹏：《当代中国青年社会责任感及其培养研究》，博士学位论文，北京交通大学，2014 年。

四 英文文献类

Ana Maria, Davila Gomez, *Ethics*, *Psyche and Social Responsibility*, Ashgate Publishing, 2007.

Anne Colby, *Educating Citizens*: *Preparing America's Undergraduates for Lives of Moral and Civic Responsibility*, JB-Carnegie Foundation for The Adavancement of Teaching, 2003.

Christopher Lake, *Equality and Responsibility*, Oxford: Oxford University Press, 2002.

Colin Wringe, *Moral Education*: *Beyond the Teaching of Right and Wrong* (*Philosophy and Education*), Springer, 2005.

Cord Cooper, *Leading in Tough Times*: *The Guide to Responsibility*, *Trust and Motivation*, Human Resource Development Press, 2003.

David Smail, *Power*, *Responsibility and Freedom*, New York: State University of New York Press, 2005.

Frances Whalan, *Collective Responsibility: Redefining What Falls Between the Cracks for School Reform*, Sense Publishers, 2013.

Harry Gensler, *Ethics: Contemporary Readings*, Routledge, 2003.

Hedy Cleaver, *Safegurading Children: A Shared Responsibility*, Wiley Publishing, 2009.

Jo Bridgeman, *Parental Responsibility, Young Children and Healthcare Law*, Cambridge: Cambridge University Press, 2007.

John Sabini, *Emotion, Character and Responsibility*, Oxford: Oxford University Press, 1998.

Lawrence Kohlberg, *The Cognitive Development Approach to Moral Education*, New York: Routledge, 1972.

Marcin Kilanowski, *The Rorty-Habermas Debate: Toward Freedom as Responsibility*, New York: State University of New York Press, 2021.

Richard B., Brandt, *Morality, Utilitarianism and Rights*, Cambridge: Cambridge University Press, 1992.

Richard Rorty, *An Ethics for Today: Finding Common Ground Between Philosophy and Religion*, Columbia University Press, 2010.

Robert A., Schultz, *Contemporary Issues in Ethics and Information Technology*, IRM Press, 2005.

Simon Blackburn, *Ethics: A very Short Introduction*, Oxford: Oxford University Press, 2009.

Smith, D. M., *Moral Geographies: Ethics in a World of Difference*, Edinburgh: Edinburgh University Press, 2007.

Suzanne S., Choo, *Teaching Ethics through Literature: The significance of Ethical Criticism in a Global Age*, Routledge, 2021.

William Schweiker, *Responsibility and Ethics*, Cambridge: Cambridge University Press, 1994.

附　　件

附件1　大学生社会责任感调查问卷

亲爱的大学生同学们：

你们好！本次问卷想就您对社会责任感这一问题的认识情况作些调查。所有资料只为研究所用，不需您的姓名，请根据您的真实情况作答，我们将按照相关规定对您的答案予以保密。感谢您的配合！

填写说明：

请在具体序号上打“√”，或将符合实际情况的具体内容填入“________”。

为了保证问卷调查结果的信度和效度，请您一定要认真填写，若有漏填或者填写不规范的情况，问卷将作废卷处理。

问卷第一部分

1. 您的性别	①男　②女
2. 您的民族	①汉族　②彝族　③其他（填写民族）________
3. 您的年龄	①17岁以下　②18—20岁　③21—23岁　④24—26岁　⑤27岁以上
4. 您的年级	①预科班　②一年级　③二年级　④三年级　⑤四年级
5. 学科类别	①人文学科　②社会科学　③自然科学
6. 家庭状况	①双亲家庭　②单亲家庭　③其他
7. 学校类别	①一本院校　②二本院校　③其他
8. 政治面貌	①中共党员/预备党员　②群众　③其他

问卷第二部分

下述观点主要针对社会责任感的内容，请在对应的框内打“√”。

构成要素	题号	测量条款	非常不同意	基本不同意	说不清楚	基本同意	非常同意
个体层面	1	我从未有过自杀的想法，我看不起动不动就自杀的人。					
	2	我觉得为他人、为社会、为国家多作贡献是对自己负责。					
	3	我对自己将来要做什么十分有信心，对未来充满希望。					
	4	我的人生规划都是自己定的，我只听取父母和其他人给的建议，不会受到别人的强迫。					
	5	我比较喜欢读书学习，玩游戏的时间比较少。					
	6	我会将生活中的困难当作人生的挑战，积极面对。					
	7	当自己或别人遇到侵害时，我会第一时间站出来主张正义，有必要时会通过法律渠道解决问题。					
家庭层面	1	我的家庭比较和谐，父母会尊重我的意见和想法。					
	2	我的父母很自律，喜欢看书学习，会见义勇为、帮助他人。					
	3	我会尽量承担家务，为家庭做贡献，帮助家人解决矛盾。					
	4	我觉得孝敬父母是自己应该做的，不应该铺张浪费，要懂得礼仪廉耻，不应该花父母的钱，自己应该自食其力。					
	5	父母安排的事情我会积极努力完成，不让父母担忧。					
	6	我们家在吃饭、睡觉、消费、待人方面有很多规矩，如果不遵守就会受到父母的惩罚。					
学校层面	1	我觉得思政课对我的帮助很大，可以引导我思考。					
	2	学校思政课的教学方法很吸引我，我对学习产生了兴趣。					
	3	我身边有很多承担社会责任的积极榜样，我很受鼓舞。					
	4	在大学有很多教师是我的偶像，我喜欢他们的为人。					
	5	我们学校有校训校规，大家都比较遵守并引以为豪。					
	6	我平时经常浏览微信、微博、抖音、火山小视频等软件，并发表自己的看法，有时会通过这些软件结交一些朋友。					
	7	课堂中教师经常会传播一些优秀文化和安全意识。					

续表

构成要素	题号	测量条款	非常不同意	基本不同意	说不清楚	基本同意	非常同意
社会层面	1	遇到陌生人求助时，我会主动帮助他们。与人为善是我的做事风格，我相信“吃亏是福”。					
	2	我坚信中国共产党的领导，非常认可“天下兴亡，匹夫有责”，很愿意为国家的富强贡献自己的力量。					
	3	在公共场所我会极力阻止不遵守社会公德的人，哪怕他们会用暴力的手段对付我，我也不会害怕。					
	4	我比较喜欢通过一些新的渠道了解社会上发生的事情，比较喜欢看社会正能量的相关内容。					
	5	我觉得大学生的社会行为，包括在危难时刻挺身而出，需要社会各方的监督。					
	6	我喜欢中华民族的文化，我希望自己能够传承优秀的文化，我认为国家的利益高于一切，如果与外国人交流我会尽量展示和传播我们的中华文化和核心价值观念。					
	7	我喜欢做对社会有利的事情，如帮助弱势群体，多做一些社会公益，积极参加社会实践活动，尽自己所能为社会发展作出贡献。					

附件2　访谈提纲

个人责任的故事	1. 请您简单介绍一下您的孩子/学生/实习生的基本情况。 2. 您是否了解您的孩子/学生/实习生的性格特征？他们的行为品德？他们待人接物的方式如何？ 3. 您希望您的孩子/学生/实习生未来是什么样的？他们会见义勇为吗？他们愿意积极贡献，主动承担学习或工作任务吗？ 4. 您珍爱生命吗？有什么不良嗜好吗？作息时间规律吗？每天会花多长时间玩游戏和浏览一些无聊的网络信息？ 5. 你愿意违背道德做一些对自己有利的事情吗？你会拒绝别人喝酒、逛夜店的邀请吗？ 6. 您觉得自己的自控能力如何？如果明知道有些行为习惯不好，但是受到外部的诱惑无法自控时，您希望有人监督、引导吗？
家庭责任的故事	7. 您的孩子在家中是什么样的，请您简单介绍一下可以吗？ 8. 您觉得您的孩子会主动关爱家人、帮助家人、孝敬老人吗？会主动承担家务吗？当家庭遇到困难时，孩子会勇敢面对吗？ 9. 您的孩子会不会经常理直气壮地向您要零花钱，如果不给他钱，他就会非常不高兴，甚至会有一些过激的行为？ 10. 您的家庭会有一些基本的道德规范和礼仪规范吗？您的家庭是否有些祖辈传下来的行为规范？在家庭生活中你们一直沿袭这些行为准则，并用这些行为规范去约束孩子的道德行为吗？
学校责任的故事	11. 您与学生的关系如何？学生平时喜欢您吗？您在上课时会传播社会正能量和国家安全知识吗？您会利用课堂时间积极引导学生承担社会责任吗？ 12. 您平时会注重自己的言行吗？您会用自己的品行激励学生上进吗？您会在社会责任行为方面为学生做榜样吗？您认为自己对学生的影响大吗？ 13. 您会与同事相互帮助、扶持、协作共同解决教育教学中的困难吗？ 14. 学校的文化环境、学校人文特色、价值观念、学校风气、学校传统、道德意识、硬件设施、学校仪式、学校精神、外部环境，您认为以上这些因素会不会影响大学生的责任意识和责任行为？请您具体谈谈。
社会责任的故事	15. 您认为，家庭、学校和企业是否需要在大学生社会责任感培育方面加强协同呢？ 16. 您认为大学生的社会实践活动重要吗？您是如何看待大学生为社会作贡献的呢？您觉得大学生遇到具有挑战性的工作内容会不会帮助他们成长呢？ 17. 您认为大学生在承担社会责任的过程中，应不应该受到来自社会各方面的监督呢？ 18. 您认为我们国家发展的内外环境对大学生承担社会责任有没有影响呢？请您具体谈谈有些什么样的影响可以吗？

后　记

由我和万鸿湄老师合著的《大学生社会责任感培育机制研究——以云南高校为例》一书终于要出版了，内心很激动也很感慨。回首成书过程，眼前浮现起往日的点点滴滴。

我和万老师结识于2015年9月，当时我们作为华中师范大学的博士生被分配在同一楼层的两间相邻的宿舍。同楼层的学友中我俩相似之处颇多：一是我和她都是作为已婚人士暂别家人跨省来读博求学；二是我俩都曾有过好几年的工作经历，在一众直博妹妹们面前显得有些世俗老成；三是我和她的名字中分别有一个梅、湄字，同楼层的小妹妹们都亲切地称呼我们为大湄姐和小梅姐。尽管我们的专业不一样，但相似的人生经历和求学目标让我们在很短的时间内熟络起来，每天搭伴进出图书馆，友情也就在彼此的陪伴中逐渐建立起来。看书之余，我们讨论最多的话题还是如何尽早毕业，当然也会分享家人的趣事，以及倾诉当时学业中的难题。在多次的交流中，我们发现彼此具有先天的合作条件，于是萌生了利用各自优势共同开展科研项目的想法。她博士就读的专业是教育经济与管理，曾长时间从事思想政治课教学工作，研究兴趣是教育公共政策、组织行为学和教育理论与实践。我所读的专业虽然不是教育类，但曾在高校做了7年的辅导员工作，接触过大量的大学生，多次组织过各类大学生第二课堂活动，也参与过大学生各类事件的处理工作。工作期间也到访过云南省内外多所兄弟院校交流学生工作经验，对于大学生的思想和心理特点有比较感性直观的了解。我丰富的学生工作经历是湄姐非常羡慕的，她也经常就某些具体的学生教育问题问我当年的应对方案。而我由于常年忙于学生具体事务的处理，缺乏对实践经验的理论化总结，内心也很希望申报一项课题进行理论研究，也算是将那一段工作经历转化为学术成果。于是，我和湄姐约定在时机合适之时，一起开展大学生思想政治教育相关的课题研究。

这个愿望终于在 2018 年得以实现。在多次讨论、修改、打磨、润色申报书填写内容的基础上，我们以大学生教育管理中看似普通却相当重要的大学生社会责任感培育问题申报了云南省的科研课题，并成功立项。立项的成功不仅让我们格外兴奋，也让我们充满干劲。

接着，我们开始商讨项目分工。按照原来的设计，我们一起来确定所需数据的问卷调查和访谈内容大纲。我们都认为数据情况会直接决定研究的主要内容和方向。我记得仅问卷具体题目定稿就花了前前后后一个月左右的时间。此后我们在我所工作的学校完成了第一版问卷的预调研工作。在预调研的基础上，我们又去咨询相关专家，对部分题目进行了删减或调整，最终完成了问卷题目的自建。后来，湄姐先于我毕业并就业，我们没法再像以前一样天天面对面交流，但得益于网络时代的即时媒介，我们一直都保持着线上联系。一切都朝着既定的方向有条不紊地进行着，我很快完成了全省范围内的数据收集、整理、录入工作，并将数据转交给湄姐，由她接手负责用 SPSS 软件对数据进行处理。能干的她不仅很快完成了数据分析，还建立了大学生社会责任感培育的四维度理论模型。之后，我们正式开始文字撰写工作。湄姐主要负责撰写云南大学生社会责任感现状的调查报告。我主要负责梳理大学生社会责任感培育的国内外研究现状，论述大学生社会责任感培育的重要性和意义，以及大学生社会责任感四维度培育机制的具体内容。2021 年，我们递交了十万字的课题结项报告，顺利结项。

2022 年，我工作的单位出台了资助专著出版的好政策。我萌生了将项目报告出版成书的想法，于是再次找湄姐商议。她觉得这是件好事，非常支持，但也提出了新的想法：如果要出版成专著的话，仅有数据调查和理论探讨说服力是不够的，可能还需再补充一些内容，比如增加一些调查对象的真实案例或认识体会。我完全同意她的想法，学生工作不仅需要教育者的理论探究，更重要的是鼓励学生积极表达自己的观点，讲述自己的故事，这样才能引发更多学生的共鸣和关注。随后，我也提出了解决方案；我们何不联合省内高校团委发布选题，征集对此话题有话可说、有话想说的同学们来分享他们的心声呢？于是我很快联系了云南省内多所高校的团委，通过团委公众号发布了大学生社会责任感相关案例征集通知。很短时间内，我就收到了超过 300 位大学生发来的真实案例。经过挑选，我留下了其中的 12 篇案例，并逐一联系了案例讲述者对其故事的真实性进行核实。在得到他们允许的前提下，我把他们的案例收入本书中，作为第二部分的案例展示。

此刻，在专著即将出版之际，我要感谢我的好朋友万鸿湄老师，没有她的帮助我不可能完成项目，更不可能有这本专著。我要感谢我的工作单位云南师范大学外国语学院对本书的全额资助，感谢领导和同事们在日常工作中对我的照顾和包容。我还要感谢多所兄弟院校的团委和学生工作处的老师们的支持，感谢他们发动学生填写问卷、接受访谈。最后，我还必须要感谢接受本项目调查或访谈的同学们，他们的参与和配合是本书得以完成的关键所在。

一路走来，一路芬芳。心怀感恩，继续前行！

谢梅

2023 年 3 月